预见中国

中国功夫
洞见中国与世界
相处的方式

THE WAY CHINA GETS ALONG
WITH THE WORLD FROM
THE PERSPECTIVE
OF CHINESE KUNGFU

[美]
龙安志
(Laurence Brahm)
中国政府友谊奖
得主
——
著

中华工商联合出版社

图书在版编目（CIP）数据

预见中国：中国功夫洞见中国与世界相处的方式 /（美）龙安志著.
—— 北京：中华工商联合出版社，2021.3
ISBN 978-7-5158-2992-0

Ⅰ.①预… Ⅱ.①龙… Ⅲ.①武术—传统文化—文化—研究—中国 Ⅳ.①G852

中国版本图书馆 CIP 数据核字（2021）第 044882 号

预见中国：中国功夫洞见中国与世界相处的方式

| 作　　者：[美]龙安志（Laurence Brahm） |
| 出 品 人：李　梁 |
| 项目策划：陈　丹　吴永凯　刘松瑶 |
| 责任编辑：于建廷　臧赞杰 |
| 装帧设计：周　源 |
| 责任审读：郭敬梅　李　征 |
| 责任印制：迈致红 |
| 出版发行：中华工商联合出版社有限责任公司 |
| 印　　刷：北京毅峰迅捷印刷有限公司 |
| 版　　次：2021 年 8 月第 1 版 |
| 印　　次：2021 年 8 月第 1 次印刷 |
| 开　　本：710mm × 1000 mm　1/16 |
| 字　　数：200 千字 |
| 印　　张：14.25 |
| 书　　号：ISBN 978-7-5158-2992-0 |
| 定　　价：49.90 元 |

服务热线：010-58301130-0（前台）
销售热线：010-58301132（发行部）
　　　　　010-58302977（网络部）
　　　　　010-58302837（馆配部、新媒体部）
　　　　　010-58302813（团购部）
地址邮编：北京市西城区西环广场 A 座
　　　　　19-20 层，100044
http://www.chgslcbs.cn
投稿热线：010-58302907（总编室）
投稿邮箱：1621239583@qq.com

工商联版图书
版权所有　盗版必究

凡本社图书出现印装质量问题，
请与印务部联系。
联系电话：010-58302915

目录

THE WAY CHINA
GETS ALONG WITH THE WORLD
FROM
THE PERSPECTIVE OF
CHINESE KUNGFU

导言

002　　我的寻找功夫之旅

017　　在《寻找功夫》里预见中国

第一部分
地

025　　忍

025　　根

026　　忠

026　　敬

028　　**第一章　忍**

029　　"忍"的深刻意义

036　霍元甲的故事

040　我与刘鸿池老师

043　中国共产党与"忍"的精神

051　**第二章　根**

052　根在脚法

056　戳脚翻子与根

059　"一带一路"与根基建设

067　**第三章　忠**

073　忠信——白帝城托孤

077　忠孝——孙登孝顺养母

079　忠诚——关羽千里走单骑

085　**第四章　敬**

088　马谡失街亭

090　义放曹操

092　三顾茅庐

095　营造互敬互爱的国际环境

第二部分
人

103　和

103	易	
104	平	
104	中	
105	**第五章　和**	
107	寻访太极——陈家沟	
115	太极拳：阴阳是和谐的标志	
117	天人合一——诸葛亮借东风	
119	和谐仁善——七擒孟获	
121	和谐友爱——刘备携民渡江	
123	和平崛起	
126	**第六章　易**	
128	八卦掌	
133	中国与世界变局	
139	**第七章　平**	
141	形意拳	
144	中医与五行学说	
148	中医走向世界——平衡机遇与风险	
152	联刘抗曹	
154	生态文明与五行动态平衡	
156	金	

158	木
160	水
161	火
163	土
167	经济发展如何平衡
170	**第八章　中**
172	咏春拳——一种强调中拳理论的武术
174	中线—中脉—中道
175	领导者的中道
177	中国特色发展道路

第三部分
天

183	空
183	无
184	实
184	武
186	**第九章　空**
188	达摩祖师的最后一课

189　一切皆空
191　摒弃私欲——清廉名相诸葛亮

第十章　无

194　截拳道与无为
196　领导者的"无我"境界

第十一章　实

200　截拳道的务实理念
201　中国式摔跤
204　重实践的发展方式

第十二章　武

211　练功的三个阶段
212　武术在世界范围内的传播
213　友好平等

215　**结语**

导言

THE WAY CHINA
GETS ALONG WITH THE WORLD
FROM
THE PERSPECTIVE OF
CHINESE KUNGFU

众所周知，中国文化博大精深，源远流长，5000年悠久的历史赋予它深刻而又丰富的内涵——三皇五帝、三教九流、三山五岳、五湖四海洋溢着属于中国文化的独一无二的迷人魅力。

那么，当我们面对如此璀璨、如此磅礴的中国文化宝藏时，究竟应该从哪里入手了解呢？

实际上，不论是作为一个普通的上班族，还是一个做学问的研究专家，都很难讲清楚这个问题的答案。

致力于文化研究的学者可能穷其一生细细研究中国文化聚宝盆中的其中一块瑰宝，却仍研究不完。而我，非但不是穷经皓首的文化学者，更是一个外国人。虽然身为外乡人，但在中国这片土地上生活的几十年光阴让我发现，通过学习中国功夫可以非常快速地切入中国文化的方方面面。这是因为中国功夫涵盖了诸多中国传统文化要素。

走进功夫，我逐渐感受到了中国文化的精髓。中国传统的价值观让我豁然开朗、柳暗花明。我相信，无论是外国友人还是中国的青年一代，要想了解这些宝贵的文化价值，都可以通过积极锻炼身心，了解并学习一门中国功夫来获得更深的感受。

要知道，中国功夫五花八门，种类繁多。年轻人可以练硬一些的功夫，而相对年老一些的长者则可以选择慢的功夫修养身心。中国文化的独特性在于它由内而外散发魅力。练习功夫，不仅对人们的身体有益处，而且能帮助人们在锻炼身体的过程中领悟做人做事的方法，提高处理问题的能力。这些方法不论是在日常生活中，在生意场上，还是国际外交上，都会对人有所帮助。

我的寻找功夫之旅

在来到中国，走进中国功夫之前，我其实已经接触了其他类型的功夫。

导言

40年前，在我的故乡夏威夷，我便开始了空手道的学习。那个时候我的师父是船越老师，他是黑带十段拥有者，也是松涛馆流空手道的嫡系传人。我至今还清楚地记得，他当时对我说，"如果你想了解空手道的起源，那么你必须要去了解少林功夫"。跟着他学习空手道的那段时间里，他反复强调空手道发源于中国的少林。时间长了，我的心中埋下了好奇的种子，我想要亲自找到少林，找到神秘的功夫源头。因此，为了探寻功夫的起源，揭开它神秘的面纱，我便来到了中国，开始了我的寻找功夫之旅。

经过长途跋涉之后，我终于来到传说中的嵩山少林寺。那一天，淅淅沥沥下着小雨，我穿过一棵棵葱郁的古树，来到了挂着少林寺牌匾的大门前。我并没有撑伞，而是戴上帽子，任由雨滴落在身上，穿梭在一片雨雾迷蒙中。那一刻，天地之间笼罩着青灰色，把人的思绪带回千年以前，颇有"莫听穿林打叶声，何妨吟啸且徐行"的感觉。我拾阶而上，站在离"少林寺"三个大字最近的地方，摘下帽子，驻足片刻，便推门而进。

在少林寺，少林功夫第三十一代传人释德扬大师带着我参观浏览，一路上向我讲解少林寺里面各个塔林和石碑的历史。我受益颇深。他见到我双手合十，表示尊敬，之后便带我参观弟子练功。我看到这些朝气蓬勃的年轻人攥着拳头，发出吼声，动作整齐划一，干净利索。与小弟子不同的是，我在释德扬身上看到了岁月沉淀在少林寺留下的宁静和淡泊。透过他的眉眼，我彷佛看到千年以前的江湖故事。

龙安志（右）和少林寺第三十一代传承人释德扬（左）

释德扬说："我们都说天下功夫出少林，少林功夫遍天下。我们少林寺（僧人）是通过练武来修炼身心，我们不但不是为了打，而且是为了不打。在这个世界上有空手道、跆拳道、唐手道、咏春，它们都一致认同它们的根源就是在这里，在少林寺。这个地方现在有来自于世界各国的少林弟子归宗朝圣。"

通过他的指点，我发现少林寺斑驳的墙壁上都是岁月留下的痕迹，上面刻画着五百罗汉。而少林弟子们就是在一个有着如此深厚历史积淀的地方，每日习武。少林寺的环境与其他的现代武馆迥然不同。这里没有被刷得很白的墙壁，没有现代化的高科技练功服。一切都是古朴的、散发着古木香气的。

走着走着，我们来到了一座石碑前。大师对我说："（我们）现在看到的第一通石碑是世界唐手道协会来归宗认祖。"这之后，他还带着我参观了其他的碑刻，他解释道："这是元朝的，日本的僧人邵元在少林寺求法学习二十多年。也有记述空手道包括我们中国的僧人在元明时期到日本，到暹罗（泰国的旧称），到琉球，到高丽这一带去传播少林武术，这些都是有资料记载的。如果你观察空手道的动作就会发现，它们有很多技巧非常直接，比如你的出拳以及在高级空手道中的圆周运动，所以如果你观察会发现它是南少林和北少林的结合，所以它的来源很明显。"

在塔林脚下，有一些少林弟子练习功夫，释德扬不断纠正弟子的动作，并且告诉他们要"看前方，平稳呼吸"。

我从少林寺之旅中受到了很多启发。这之后，我又设法找到了许多位功夫大师，向他们请教功夫的历史和传承。

有一次，船越松涛馆空手协会主教练船越義延，也就是我小时候练习空手道的师父船越的儿子跟我讲："真正传统的空手道，起源于少林寺。船越义珍把它从少林寺带到松涛馆并加以改造。松涛馆流空手道是一种赤手空拳的格斗术。最初的空手道是根植于少林拳法，因此被称为唐手。冲绳岛历史上是一个三教九流的汇聚之地，在贸易、艺术和政府等领域有各种各样的互动。当外面的人来到冲绳岛以后，他们通过武术交流思想，然后一些冲绳人就去了中国，所以当时有很多往返之旅。"

不仅如此，第13届全运会空手道女子个人冠军、第33届SKIF全日本锦标赛优胜者崔宇，也是我平时的练习

导言

伙伴，她经常对我说：

"空，这个字源自《般若波罗蜜多心经》——色即是空，空即是色。唐手是受中国武术影响的，但是它并没有受日本本土武术影响，或者（影响）很少很少。我们再往前溯源的话，就是要看中国和我们刚说的发祥地琉球群岛的关系。这样去看它的历史，才能知道它到底是不是从中国去的。少林流或者少林寺流，这两个流派现在在冲绳还有，就是我们说的这个南少林、北少林那个少林。它并不是说完完全全继承了少林的功夫，但它肯定是受其影响的。然后我问过当地的老师，简单的说法就是，大家觉得南少林是对他们影响最大的，或者说武功在全世界范围之内都是影响很大的，所以他们就把这个流派叫少林流，或者少林寺流。有从中国到琉球的人，琉球也有去过中国的人。"

"空手道从中国走出去，从我的国家走出去，现在好多谈到刚柔流空手道，主要是福建一带，因为我们跟白鹤拳算同源。比如说东恩纳宽量（冲绳刚柔流空手道宗师）是先到过北京，（有关）武术的记载是到了京师然后去的福建。非常有名的是佐久川宽贺（琉球著名的武术家），佐久川宽贺也是在北京，而且待了很久，他最后染病去世在北京。有史书记载他学的是八卦掌，拜的（老师）应该是八卦掌创始人董海川。他只学了八卦掌，或者说他中间接触了别的武功，他还和其他的人学过，空手道并不只受白鹤拳影响，所以这些空手道型里面，你能看到所有的中国元素在里面，一定是它受了（中国武术）很多的影响。"

从这些老师们的谈话中，我更加清楚地了解了少林功夫的发展渊源。我也知道了这些老师们并不认同空手道发源于日本的说法，而是认为空手道发源自中国。从前，琉球的前辈到中国学习、切磋，然后再回到琉球，由此形成极为密切的交流。

少林不仅仅诞生了许多中国传统功夫，而且还是世界武术的摇篮。在中国古代，全国各地许多一流的武师纷纷来到少林，有的甚至削发为僧，他们相互交流，切磋技艺，精益求精。在中国历史上的许多危机时刻，有皇帝曾经诏征少林僧人保家卫国。1928年，当中国陷入动荡之际，军阀将少林寺焚毁，大师和僧人们流徙各地，其中许多人来到北京，他们传道授业，交流知识，北京的许多四合院由

导言

此成为这些武林大师的武术社。

能够在中国广博的土地上生活如此多年，对我来说是非常难得、极其宝贵的机会，因为我能够在大江南北东奔西走，跋山涉水，去追寻功夫的源头、了解中国博大精深的文化。我亦十分珍惜生活在中国的时光，在各派功夫大师身上学到了很多不同的功夫招式，了解了关于功夫的各方面历史、文化和传承，并且一点点地从功夫窥见中国文化整体的价值观。

非常荣幸地，我成为北京市直拳研究会会长刘鸿池老师的弟子，他从小就向许多在四合院里教授武术的老拳师学习中国功夫，是一位非常有威望的老武术家。

在这本书里，我唯一想做的就是分享我这一路上寻找功夫的所见所感。我虽然并非功夫研究领域的学者、权威，但是我真诚地希望通过我在本书中详细耐心的分享，能够帮助全世界的人们更好地了解中国文化。我亦希望这本书能够对21世纪沉迷于电子产品和海外文化的中国青年人有所启发，希望他们看到我的书之后，能够开始寻找自己的根，寻找文化的根。

中国功夫是讲究武德的，而武德几乎囊括了所有的中国古典哲学、道德，这些都可以在中国这片土地上找到。我深切地感受到中国文化的博大精深、源远流长。它就像一个聚宝盆，但是现代人往往在人生路上对它视而不见。

因此，我希望你们沉静下来，思考功夫，练习功夫，无论何种派别，只要能深入进去，你们就能挖掘到未知的宝藏。

如今，功夫类型的影片风靡全球，美国人也喜欢观看功夫大片。从李小龙到《功夫熊猫》的风靡，足以证明全世界人们对于功夫电影的热爱，对神秘的东方文化、东方武术哲学的向往。因此，本书希望通过讲述寻找功夫的一系列故事，吸引人们的目光，并且向他们介绍应被视为人类共同的文化组成之一的中国文化。

1972年，美国总统尼克松访华，打破了新中国成立后冷战背景下中美两国隔绝的局面。1979年，中美两国正式建交。而就在两年后的1981年，作为最早的一批美国学生，我非常幸运能够来到中国的大学学习，感受别样的文化。

至今，我仍然清楚地记得，那个时候，中美两国的青年热切地希望中美两国关系有光明的未来。我们正是怀揣着这样一种使命感,这样一种浪漫的理想来到中国。四十年后,我仍然怀揣着初心。"不忘初心,牢记使命",我深深地认同这一新时代理论。一个国家、一个民族不能没有灵魂,不能失去初心。而通过中国传统武术这个窗口,我看到了中国人民的初心,我看到这个民族的灵魂。中国人民的全心全意、理想信念、对美好生活的向往蕴藏在功夫的一招一式里。

我希望本书也能够成为类似这样的一扇窗,向全世界的人民打开,让他们可以感受到别样的中国文化、中国精神。

20世纪70年代的"乒乓外交"让我意识到文化和体育运动的交流对于打破不同国家间屏障的重要性,通过文化和体育运动,两国之间逐渐能够抛开意识形态的差别,平等交流,相互了解。这是因为体育运动具有普遍性,具有全球普适性。40年前,我们这群朝气蓬勃、充满理想的外国学生来到中国。当时的中国没有手机和互联网的全民普及,更不用说形形色色的社交媒体了。但是我们所有人都怀揣着一个共同的美好梦想——希望能为中美关系走向更明媚的未来做出一点贡献，为创造一个充满希望和机遇的世界献出我们的热血。

如今，我们曾经热切的时代已然飘散在历史的长河中，当今世界情况异常复杂，国际社会充斥着各种不稳定的因素。2020年7月，美国国务院要求中国关闭驻得克萨斯州休斯顿总领馆，并且要求中国的外交官在72小时内离开美国。此后三天，中国下令关闭美国驻成都领事馆。这些事态的发展标志着中美两国关系自1979年建交以来降到冰点。

我认为，当今世界亟需一场新的"乒乓外交"，重新启动国与国之间的平等交流、抛开刻板印象的沟通。文化和体育运动可以提供一个让国家之间互相尊重、互相学习的平台。功夫外交是一个不错的选择。

如果当时我们美国交换生和中国学生互相交流学习的这份精神能够延续到今日，那么，中美两国可以在高新科技、太空探索、食品生产、绿色能源、全球货币政策、环境保护和全球化的医疗体系中更密切地合作。这些都是巨大的且充满正向能量的商业机会，人们应该在这些领域推进合作。

为什么全世界的人民都热爱李小龙的电影呢？

不仅仅因为它是优秀的功夫电影，人们看电影其实不是为了看打斗的场面，而是为了看中国的哲学、道德。透过打斗，通过电影，人们看到的是中国提倡的人类命运共同体的理念。

由此可见，许多中国自古形成的价值观可以为全世界人们所分享。如今，西方媒体时常抨击中国的某些政策和举动，认为中国人缺乏西方人引以为傲的价值观念，例如选举时的互相公开辩论等。但我以为，这些只是每个国家内部的政治上的管理手段而已。西方媒体不能够把自己以为好的一些理论强加给中国人，强加在独特的中国文化身上，这便是中国现在面临的挑战之一。

2020年，新冠肺炎疫情突发、气候变暖加剧，这些才是人类共同面临的难题。西方国家反复强调保护人权，但是却在疫情防护措施中做得不尽人意，确诊人数不断攀升，对疫情严重缺乏足够的认识和重视。中国政府在面临疫情时，却能够雷厉风行出台措施，尽快遏制病毒在人群中扩散，将保护人民扎实落到实践中。首先控制好了第一波发生在武汉的疫情。在北京新发地等地疫情暴发后，迅速果断封锁隔离，出色地控制住了第二波疫情，没有造成大范围的传染。

从一次次的亲身经历中，我目睹了中国办实事的高效率，亲身感受到了在中国每一个生命都有价值。中国政府在认识到这次新冠肺炎疫情的严重性之后，以最快的速度成立专家团队，奔赴到疫情地，救治确诊的百姓，隔离、保护其他百姓不被传染。

在此关键时刻，我认为全世界的国家应该手拉手，坐在一起想办法，首先解决威胁人类生存和可持续发展的问题。

国家之间不应该相互抨击谩骂，这完全是损人不利己的行为。新冠肺炎疫情发生之后，许多国家质疑中国的防疫能力，甚至不惜冷嘲热讽，这其实是没有认清此次公共卫生事件重要性的表现。实际上，中国政府在控制好国内疫情传播的同时，向国际社会介绍自己的抗疫经验，并且积极与其他国家保持沟通交流，分享经验，甚至派出医疗队支援。这在国际整个抗疫的过程中都是非常难得的。这就是中国精神，值得世界上其他国家和地区的人民借鉴和学习。

值此人类危机之时，我们亟需一个新的乒乓外交，这就是功夫外交。因为中国功夫里面包含的天人合一、互相尊重的价值观，对于全世界都有借鉴意义。就在2019年，我终于有机会自己当导演拍摄纪录片《寻找功夫》。在拍摄纪录片的过程中，我结识了很多中国功夫的前辈、大师以及传承人，我也有机会与年轻的功夫老师、新一代的传承人成为好朋友。在采访的内容之外，我也向每个人虚心请教不同派别的功夫打法和其中包含的中国文化。

要知道，在国际上，有非常多的人想要了解和学习中国功夫以及从中国功夫衍生出的其他武术。我拍这部纪录片和写这本书，实际上是想给大家提供独特而宝贵的经验。因此，我希望把这些传承人的观点在书中分享给全世界的人，并把我的一些个人见解分享给想要了解中国功夫的人。

龙安志和他的团队

　　我非常清楚地知道，不是世界上的每个人都能有机会像我一样拍摄电影，成为一个导演，而且是把儿时所想拍成电影。因此，我十分珍惜这个宝贵的机遇，想要尽我自己最大所能，发挥我自己的能量，让更多的人了解中国武术、中国传统文化。

　　我相信本书对读者具有强烈的吸引力。我亦相信任何国家和地区的读者都能相当轻松地阅读本书，并了解其中的文化内涵。因为本书的语言非常平实易懂，不论是还在上学的小朋友，已经进入社会的大朋友，还是颐养天年的老朋友，都能在闲暇的时候翻阅，并享受阅读的过程。

本书平实朴素的语言是能够被读者接受和理解的，功夫本身所代表的身心健康的宗旨和深刻的文化价值也是大家普遍能够接受的。我相信这本小书拥有能够把人们凝聚在一起的力量。本书看似是关于寻找功夫大师之旅的故事，实则借由功夫表达中国传统文化是世界宝贵遗产的重要性。我试图将中国文化、传统价值观展现为可以被人类普遍接受的文化命运和文化价值观。

我相信这本书有可能影响全球范围内的读者，并且通过武术帮助他们了解中国的传统和文化。这样一来，世界上的每个人都能轻松地走进中国文化，走进这个让大家普遍感兴趣的文化体系。

在《寻找功夫》里预见中国

功夫作为一种健康习俗和运动方式，能够使全世界的人们彼此连结。从少林武功到太极，功夫里面可用的身心健康系统能够让各个年龄段的人们受益。

《寻找功夫》是一部由我执导和拍摄的纪录片，根据拍摄的过程和自己的经历、感悟，我撰写了这本书，主要讲述我寻访中国功夫大师的旅程。这部纪录片以及这本书没有试图宣传任何一种功夫风格，而是在解释从空手道到跆拳道，再到现代综合格斗（MMA）等各种国际流行运动与中国功夫的渊源。

此外，这部纪录片和这本书不仅采访了中国的武术大师，而且采访了国际上的知名武术家，在中西方文化之间架起了一座桥梁。

本书通过功夫展现中国文化的内涵和功夫的传承，同时展现了功夫中蕴含的中国传统价值观。功夫是人类共同的文化遗产。中国功夫涵盖了丰富多样的价值观，本书不可能完美地囊括全部。为了读者阅读的便利，我以一个外国人的视角，从十二个维度出发，试图表达我的理解和感受。如此一来，本书仅仅作为一个开头，提供十二个切入点，也是给读者打开十二个了解中国文化的窗口。

我并非执着于细微末节之处进行研究，而是从我的个人经验出发，娓娓道来。读者若有兴趣，可以自行深入挖掘。我亦希望在本书面世后不久的将来，会有更丰富的作品面世。

在本书的创作过程中，我非常荣幸地邀请到北京市武术运动协会会长杜德平以及戳脚翻子拳传承人钟海明两位老师进行指导。二位老师向我介绍了很多中国传统文化，他们渊博的知识让我受益颇深，十分感动。在老师们的建议下，我把十二个章节分为三部分——天、地、人，象征天人合一。我把自己实地探索的经验放在中国文化的框架里，分享给读者，如此一来，易于理解。

· 第一部分讲"地"。地是忍、是根、是忠、是敬。

简单地说，忍是下决心练功，根是基本功，忠是忠于老师、学校和传承，敬是人与人之间互相尊敬的准则。

· 第二部分讲"人"。人需要和、需要易、需要平、需要中。

一个人有了功夫基础之后，意念和内心要稳定下来，要使身体的能力和生活各个方面达到和谐。社会不断变化，练功之人也要不断改变，适应变化，从而维持动态平衡。

· 第三部分讲"天"。天是空、是无、是实、是武。

无为，是顺其自然的生活状态。空是抛除杂念，心无旁骛。实是实事求是。武是不打，练功夫不是为了打，而是为了不打。练功之人都知道如何打以及打的后果，因此不会轻易卷入祸端。只有不懂功夫之人才会惹是生非。

我们要寻找那些历久弥新的古老传统，那些教学相长的心法技艺，它们代代相传，绵亘不绝。本书中，功夫的核心概念包括：忍、根、忠、敬、和、易、平、中、空、无、实、武。

武术的本质并非好勇斗狠，而是勇于奋斗，敢于拼搏，也是充分释放潜能，从而达到真我之境。让我们一同出发寻找功夫，你能找到它吗？

第一部分
地

THE WAY CHINA
GETS ALONG WITH THE WORLD
FROM
THE PERSPECTIVE OF
CHINESE KUNGFU

第一部分　地

地是土地，是我们离不开的大自然母亲。

地球上的每个生物无时无刻不受着地心引力的牵引。无论是学生还是上班族，走出家门，踏上广阔的土地。学校教学楼和摩天办公大楼的根基是土地，这些楼宇是建筑工人一砖一瓦地从一块块荒芜的土地上建造出来的。走在路上，仰望天空的同时，我们脚踏实地，感受着与大自然母亲的连结。

当夏日来临，毒辣的太阳炙烤着大地时，透过帆布鞋抑或凉鞋的鞋底，我们感受着来自大地和太阳的热量，那热气灼烧着脚心，让我们加快速度前行，寻找一片阴凉歇脚。当冬日降临，我们走在路上，不但路边是光秃秃的，树木凋零、花叶破败，而且脚下冰凉，不得不把袜子加厚，再穿上足够保暖的鞋子方能御寒。一年四季，不论春夏秋冬，我们都与大地母亲有着实质的连结，而这种连结常常被疲于忙碌的现代人所忽略。大概人们只有走在炎炎夏日的路上烫脚，抑或走在冰冰凉的冬日冻脚的时候，才会强烈地感受到大地的力量吧！

地球是人、动物和植物生存繁衍的场所，在宇宙的其他地方我们还无法生存，只有地球是我们唯一的家园。所以，我们每个人都必须行动起来保护地球环境，珍惜自然资源。

资源一旦破碎，生命就将凋零。如今，全球物种正在以人类历史上前所未有的速度衰退，百万物种濒临灭绝。人类渴望更多的钱财，追寻更加奢侈的生活，不断推进城市化，侵占原本属于动植物的领地。如此一来，自然栖息地逐渐变为水泥楼房，水泥楼房又逐渐变为令人叹为观止的摩天大楼。人类在自己建筑的钢筋水泥世界中显得愈发渺小。

传统和本真，逐渐被现代人抛之脑后。然而，在发现环境变化危及人类生存之后，人们又开始寻找初心。

殊不知，中国功夫就是这样的初心所在。我们练武是通过锻炼保护身体，健康生活，而不是打架斗殴，互相伤害。这是"武术"的核心精神。21世纪现代生活中随处可见的垃圾食品、过度泛滥的电子产品和日益激化的社会矛盾都是不健康、反自然的，还有不少人沉浸在金钱构筑的梦幻黄金泡影中不愿醒来。然而相反，这个世界上也已经有越来越多的人树立起环保意识。

我们必须知道，只要同在地球生活，我们世界上的所有人都是连结在一起的。作为"地球村"的一分子，每个人都必须考虑他人，互相帮助。地的四个主要因素是忍、根、忠、敬。

忍

忍，主要是一个人的决心和忍耐。决心要练武，其实也是决心要做人，决心要保护身边的父母，决心要保护环境。"功夫"一词的字面意思里也包含"做事所耗费的时间和精力"，意味着练功夫就要有长时间的忍耐和牺牲。这一章里面霍元甲的故事也是恒心的代表，在这一章里，我寻访少林寺，寻找功夫的根源，并向少林寺的僧人学习如何持之以恒、学习如何奉献。

根

如果一个人想要练习中国功夫，就要从基本功开始练好。基本功不漂亮，也不花哨，练习基本功，并非为了炫耀给外人看。因为在我们每个人的日常生活中，做任何事情，不管是读书还是工作，都要打好基础。另外，我们要珍惜前辈的经验，珍惜历史文化，因为是他们让我们知道自己的身份，明确自己未来的方向。

忠

儒学一直是亚洲文化的基础之一，它的核心原则之一是忠诚。每一位学习武术的学生，无论他们学习的是咏春拳、空手道、跆拳道、少林功夫还是太极拳，实际上都在拥抱一种文化理念。武术，其实在教育人们要对学校、老师、长者和集体忠诚。如此才能修身治国。

敬

武术馆里面练习武术的学生都在学习，都有自己的目标：想要通过武术来修炼身心，并且保护自己、保护爱人、保护父母、守卫国家。那么，如何实现人与人之间的和谐相处？如何实现以上目标？首先要注意的便是互相敬重，并且讲义气，有礼节。

第一章 忍

小不忍，则乱大谋。

——《论语·卫灵公》

中华民族是具备忍耐力的民族。从说文解字的角度来讲，汉字的"忍"有着极其深刻的含义。把字拆开，我们会发现，"忍"字是心脏上插了一把刀，流出一滴血，它意味着坚持，意味着决心。要做到忍，人们可能需要作出长时间巨大的牺牲，好似心在滴血一般。这就是为什么"功夫"一词包含了"时间"的意思。

忍一时风平浪静，退一步海阔天空。儒释道经典都有"忍"的特征。

本章内容涵盖霍元甲一生的传奇故事，他是坚忍的象征。除此之外，少林寺的旅程让我发现了功夫的起源，并且了解了少林寺的僧人们是如何训练坚忍和奉献精神的。

"忍"的深刻意义

"忍"字的英文动词是 persevere，名词是 perseverance，也有一层表示决心的意思包含在内。实际上，在中国文化里，忍的意义不仅于此，它还有更深层次的涵义。

忍的意思，上面有一把刀，下面一个心，加上一个点代表血。我们来想象一下，此时正有一把刀压在你的心上，你在流血。这种感觉是非常艰难和痛苦的。人们常说，最痛的感觉不过心痛。在这种情况下，很少有人能继续坚持下去。然而中国人秉承着"忍"的精神，即使心在滴血，再艰难困苦，也要把手里的任务坚持做下去。

这便是"忍"的核心精神与文化。

如果想学习中国功夫，我们就需要了解忍，并拥有忍的精神。若少了忍，功夫便无法继续坚持下去。练功需要耐心，需要毅力，需要长久，人们可能会在练功的过程中因为各种原因半途而废。

实际上，不仅是中国功夫，世界上所有的功夫都需要练功者的决心和忍耐。想学功夫，你必须每天练习，勤奋不能荒废；在练功遇到问题时，不要气馁，要解决问题，坚持下去——这就需要你具有忍的精神。

忍，不仅是一种精神，也是一种概念，我们可以把它应用在实际生活当中。不妨试想，如果一名学生即将面临考试，那么他只有每天积极复习，认真备考，才能在考试中考出好成绩。如果仅仅坚持几个小时或几天便放弃，那么他极大概率不会取得优异成绩。

以中国的高考为例，一位考生如果想考上985、211大学，如清华北大，那么他需要什么样的精神呢？

从备考的那一天起，从明确目标的那一刻起，他就要坚持走下去，即使练习题再多再难，即使最初自己的正确率不高，也要咬牙坚持练习。如果周围的同学进步明显，而自己却原地踏步甚至退步，更是不能退缩，要勇于面对问题，迎着压力，继续向前。忍耐，是破茧而出，是厚积薄发。

除了学习、考试之外，在我们的日常生活中，任何事情想要成功，都需要每天坚持不懈地努力，否则我们永远无法进步、无法提高。忍的精神非常深刻，因为它需要人们拥有很深的功夫。

我冒雨来到少林寺，拜访释德扬大师，他对我说，原来的和尚每天都在练习功夫，"很多的坑，在石头的地面里凹下去，因为和尚每天用意念（支撑）打，从唐朝到元朝，到现在。这就是忍的精神"。学习中国功夫不能一蹴而就，人们需要花时间不断雕琢技艺。

功夫的气或者能量来自一个人的意念，而不是蛮力。

少林不仅是禅宗的起源，是众多功夫的发源地，也是一个武术概念。

菩提达摩是禅宗的创始人，被尊称为"东土第一代祖师"。千年前，他从印度来到中国广州，后又沿路跋涉至少林，攀登嵩山。我从少林寺远远望去，只见嵩山云雾飘渺，烟云笼罩，植被覆盖，鲜有人烟。层层云雾之间，甚至望不到尽头是什么样的一番景象。中岳嵩山是著名的五岳之一，位于中国河南省西部，毗邻有十三朝古都之称的洛阳。

中国古老典籍《诗经》有云："嵩高维岳，峻极于天"，讲的就是嵩山的险峻壮美。

释德扬带我爬上嵩山，我们一同来到达摩祖师面壁九年的一个自然形成的山洞——达摩洞。这里的万事万物都好像散发着千年以前的古香，没有现代化工具修缮过的痕迹。我想，如果下雨的话，这些小路应该会更加泥泞难行吧。达摩洞的洞口对我来说略微有些不便，我需要弯腰欠身才能进入，但是释德扬大师能够从容不迫进入其中。他为我推开门，对我说："龙先生，我们现在来到达摩洞，先为我们的开山祖师达摩祖师献上香，礼敬圣贤。"我学习他的动作，一起给达摩祖师上香。

在洞中禅修了9年之后，菩提达摩在少林建立了禅宗。传说，达摩祖师在冥想的间隙利用瑜伽锻炼身体，并把他的招式逐渐演变成最初的少林五拳，即模拟龙、虎、豹、蛇和鹤五种动物的动作，与此同时，借鉴了自然物质的运动。例如，达摩祖师观察风和柳叶在风中的姿态，因此创造了风摆柳的少林功法，并且融合了各种太极元素。从这些技法当中，诞生出了众多的武术风格和流派。

在达摩洞前，释德扬大师给我演示了一套少林五拳。我在一旁认真仔细地观察他的动作，竟然看出了中国那些武侠电视剧中少林大师练功时的飘渺之感，不由得入了神。中国功夫就是如此神奇，它可以跨越千年，仍然保持着最初纯真的本质，千年之后，我们还能从当代大师的一招一式中看到祖师爷的影子。这就是少林功夫的迷人之处。少林，由此成为武术的摇篮。

释德扬接着说："所以，人生的成功啊，就是有忍耐。你想象一下，一个人单独住在这个房间里练习，他就是（需要）一种忍耐，一种意志，一种毅力。而且我们看故事电影，说是在这里都哈、哈、哈、哈，一脚一跺，其实不是那样，它是一步一步这样压出来的，压，挤压，这是一种毅力，这是一种意志，这是一种信念。这个应该是从中国的元朝时期，或者是更早以前，之后元、明、清一直到现在，所以在这个房间里一共是48个脚窝，这个地方是一个人在这里练习意志毅力，克服寂寞之后练习忍耐的一个练功房。"

少林僧人在练习功夫

释德扬带我参观了练功房，那是一个非常普通、简单的房间。没有复杂、华丽的各种陈设，只有坑洼不平的砖石地面和几个红色的顶梁柱。他给我演示了电影中传说的一脚一跺，尘土随着"哈、哈"的吐气声和跺脚声四起飞扬，我能看出他示范的是错误的动作，因为这种一脚一跺并没有使用人的意念，而是用整个人的蛮力，想要去把地面跺出来一个坑。

真正的脚法，是一步一步压出来的，并没有一脚一跺发出那么响亮的声音,只有鞋底跟地面的轻轻摩擦声。而正是这样的摩擦和挤压,日积月累,水滴石穿,使得练功房的地面变成了如今坑坑洼洼斑驳的样子。很难想象,以前的和尚是如何在这样的"陋室"忍受着寂寞练功的。这就是中国文化的独特魅力。

我由此想起刘禹锡的名篇《陋室铭》——

"山不在高,有仙则名。水不在深,有龙则灵。斯是陋室,惟吾德馨。苔痕上阶绿,草色入帘青。谈笑有鸿儒,往来无白丁。可以调素琴,阅金经。无丝竹之乱耳,无案牍之劳形。南阳诸葛庐,西蜀子云亭。孔子云:何陋之有?"

在一方陋室,入眼所见唯有青苔与野草,却仍珍爱。一座山的高度并不重要,重要的是有没有仙人居住。一池水的深度并不重要,重要的是有没有蛟龙潜藏。陋室虽陋,但居住其中的人德行高尚,便能忍耐它的简陋。少林寺的练功房正是如此。

在我看来，这是中国文化的独特之美。譬如三国时期的谋士诸葛亮住的是草庐，并不是豪华的亭台楼阁，但是却能忍受草庐的"简陋"，怡然自得。这种忍的精神，世间少有。

霍元甲的故事

我在很早之前便听说了有关霍元甲的传奇故事，这对我的人生轨迹有很大的影响。

霍元甲儿时，他的父亲是当地有名的功夫师父，每天教授很多学生功夫。霍元甲从小身体孱弱，不宜练武。因此，教授武术的父亲希望他努力读书学习，成为学者，而不是继承父亲的功夫。但是霍元甲深深地向往功夫，他偷看父亲教学，模仿里面的动作。某一天，有人想要挑战他的父亲，他的哥哥们接连被打败，只有霍元甲打败了那个挑战者。

这件事让当时的所有人都大吃一惊，所有人都以为霍元甲平时并没有机会学习功夫，但是，实际上他一点一点地偷偷学功夫。他凭借着忍的精神，最后比哥哥们学得更好。父亲发现他偷学功夫后责备了他，但最终准许他与父兄一起习武，日积月累之后，霍元甲成为一代功夫宗师。

我非常敬重的几位武术专家也都表示了他们对霍元甲忍耐力和决心的敬佩。

正清馆馆长、中国青少年武道教育推动人郑文龙说：

"霍元甲和李小龙都是不同时期武术的代表，他们代表了什么？

"他们代表了中国人的一种精神——尚武精神。那么我们知道霍元甲，就像您说的从小身体弱，父亲不让他学武，他偷偷地学武，在危难时刻上台打败了对手，这是众人皆知的，因为拍过霍元甲的电影。直到后来，霍元甲得了肺病以后再去上海打，其实他是没有胜算的，但是他还是要去。为什么？这就是我们习武人的精神。我可以被人打死，不可以被人吓死。这就叫民族的脊梁。"

戳脚翻子拳传承人钟海明认为，霍元甲在清朝末期属于代表民族精神的人物之一，所以会产生很多关于霍元甲的传奇故事，在坊间流传。他还特别提到另一位功夫大师李小龙，钟海明讲："李小龙是真正把中国武术带到国际上去（的人）。通过他的电影（来做到这一点），最早是《精武门》。实际上他是非常有代表性、有民族精神的。他通过《精武门》这部电影来展现（这些精神）的。"

霍元甲的传奇故事和他身上坚忍的精神激励了几代的习武之人，并在当今仍然发挥着不可小觑的影响力。国际武术联合会副主席、亚洲武术联合会主席、香港武术联会会长霍震寰对我说："当时国力很差，他怎么唤起我们中国人这种精神呢？建了精武会。"

霍元甲对很多中国人来讲，都是一代宗师，很多中国人都崇拜他，其中包括职业综合格斗运动员姚红刚。姚红刚告诉我，他们那一代人很多都是从小看霍元甲的电影、电视剧长大的，因此更加热爱中国功夫，从小便喜欢。

霍元甲创办的学校，不仅传授武术，而且传授武术哲学，分享一种独特的生活方式，告诉诸多习武者如何做到极致，分享相关知识，帮助人们变得更强。咏春和截拳道拳师同时也是知名武打演员的詹森·潘亦十分欣赏这种功夫哲学与生活方式。

霍元甲出生在一个武术世家，但开始时连他自己的父亲也不肯教他武术。尽管如此，他还是独自习武，不分昼夜。通过坚持不懈的训练,他成为最出色的功夫大师之一。在中国上海,他打败了一个又一个西方拳击手,向世界展示了中国功夫的价值,及其背后的哲学理念。特洛伊·桑福德说:"当年,霍元甲在今天上海的心脏地带创办了一个出色的体育团队,那种精神已经传播到中国各地,乃至全世界。那就是精武精神。"我们现在的使命,就是把这种尚武精神传递给下一代,愿他们将其发扬光大。

龙安志与武术名家齐聚霍元甲墓

我与刘鸿池老师

北京市直拳研究会会长刘鸿池是 80 岁高龄的京城老武术家。他在北京的东四长大，那里正是我如今生活的地方。我想，冥冥之中，这就是我和刘鸿池老师之间注定的缘分。

刘鸿池老师在闲暇之时经常带我到北京的各个胡同走街串巷，带着我了解每条小巷背后的沧桑历史。他告诉我东四八条、九条、十二条有很多老拳师开的武术社。顺着他的目光望去，我看到武术社的大门跟邻里住户并无二致，如果不是刘老师指点，我可能这辈子都不知道原来在普通的红漆大门背后有着许多历史悠久的武术社。

刘鸿池老师从小就向在四合院里教授武术的老拳师学习中国功夫。在 80 岁高龄的时候，刘鸿池已是四种不同类型的中国功夫的传承人，也是其他许多功夫流派的大师。我成为他的学生之后，他教了我许多中国传统功夫，并阐述了功夫招式中蕴藏的哲学思想。从他的教导中，我逐渐明白了学习中国功夫不能一蹴而就，而是需要花时间不断雕琢技艺。气或者能量来自于意念，这就需要忍的精神。

曾经的我不知道功夫有明手、暗手之分。直到有一天，刘鸿池老师用手一打我，我就莫名其妙地飞出去了。我感到他并没有用力，我怎么会飞出去呢？于是我虚心向他请教其中的缘故。

他解释说，他刚才的那一下，其实用的是内力，所以我看不出。

我跟刘鸿池老师学习动作，他接住我的招式，还能顺势打到我，完全没有移位。我不明白这是为什么。他告诉我说："我肯定也产生加速度，你看不到，在里边呢，那不是内劲是什么劲？内力，张家功夫里练的这个力呢，一是灌力，往远处灌，灌到末梢上。你看走的云手，我刚才练的云手，它是练六个球，精气神。武术的用法分两大类，一类我们统称叫明手，但是武术不光是明手，还有暗手，外行看不明白，一般的内行也看不明白。"

武术里面普遍存在外行看不明白的暗手。

譬如孙氏功夫（孙氏太极）。孙氏有一个动作特别漂亮，看起来赏心悦目。外行可能会想，这到底是什么呢？我通过刘鸿池老师的慢动作配上解说才恍然大悟，这原来是擒拿。

刘鸿池说:"这武术的秘密就是暗手,我不讲,你不知道,查拳更多(刘鸿池是查拳的传承人)。这真好看,对吧?漂亮。这有什么用?这个动作名字叫什么啊?举火烧天,拿一个火把往天上举,举火烧天式。给我一拳,我慢动作,你看,抓住了,上一大步,走。站好马步。"刘老师一边解释一边演示。

通过刘鸿池老师,我开始了解李小龙的 one inch punch(寸劲拳)其实也是用的内力。要知道,普通人练习功夫,一般练的是外力。比如我之前不知道还有暗手的存在。再比如孙氏太极的招式,我刚接触的时候,压根想不到这些招式的来龙去脉。看起来非常花哨的动作,内里却非常之实用。刘鸿池老师用孙氏太极,可以相当轻松地拿住我。

从功夫中我还理解了中国文化很多东西是内含在其他东西里的。

从我一开始来到中国,听中国人说话要听音,再到后来,我逐渐了解中国的一些政策方针。在中国文化里,你需要明白,很多东西都是隐性的,并不是直接、直白地公之于众,你需要做的是体会其中蕴含的意思,而非简单的字面含义。这些人情世故，中国人心里清楚，但是外国人可能稀里糊涂，看不明白其中的弯弯绕绕。

外国人经常看到事物阳的一面，但是他们可能不知道阳当中也包含着阴。通过暗手，我开始理解阳中有阴，阴和阳一样，至关重要，要看两者结合起来如何使用。从这里，我开始在另外一个角度切入中国文化的思维方式。

中国共产党与"忍"的精神

北京武术运动协会会长杜德平有一次跟我讲道：中国的忍字呢，上边有一把刀，下边是心，实际上，那个点呢，可以说是血。在习武的过程中，这个"血"是夜以继日，水滴石穿的练习。正如俄罗斯搏击冠军伊恩说："功夫需要练习，它离不开训练，你不断训练，精益求精，你的水平也会越来越高。"

我去拜访河南嵩山少林寺方丈，中国佛教协会副会长释永信，他十分耐心地给我讲解说："我们出家人长时间提倡的就是——没有忍，不可能有大的成就，达摩祖师来少林寺，在后山面壁九年，他认为当时机缘不成熟，还没等到合适的弟子，在山上一坐就是九年，这就是最好的忍。没有长时间的训练，没有好的基本功，没有好的基础，撑不起功夫。"

关于忍的这个问题，我还请教了其他几位专家。

咏春传承人、咏春实战馆创始人程和敬告诉我，"要想成为真正的行家里手，你就必须成千上万次地练习"。而坚持成千上万次练习，靠的是一个人的韧性，正如京剧演员、瑜伽老师王楠所讲，功夫的韧性不是很脆的、可以"咔"的一下被折断的坚硬之物，"这种折断的东西反而会容易练"，折不断的才是难点。

忍术学者、虚拟现实博士 Johan Stjernholm 说："这就是整个理念的来源，忍术是非常重要的，刃字就像刀刃刺进心脏，那时候战斗频繁，你需要用剑或其他武器进行肉搏战，那是非常现实的。"

忍术也是日本的功夫流派。忍术有特别的兵器、特殊的练法，跟空手道区别不大，但是增加了很多别的东西。比如轻功、水功，还有锻炼意念。譬如，面对一座地形复杂、守卫森严的城堡，一般人以为凭借自身的能力是完全不可能进入的，但忍者却可以。

在电子科技发达的 21 世纪，黑客（hacker）用同样的逻辑打开用户的私密账户。Johan 练习忍术，使得他也成为一名科技专家，他知晓如何能够把忍术的逻辑应用到信息科学中，然后保护用户的电脑和各种账户密码。他认为我们应该把功夫的精髓练法运用到实际生活中。

"包括你的力量，你内在的信念，内在的使命，并通过武术与他人共同完成这一使命，坚毅的品质极其重要。"白眉拳弟子郑天任是金融领域的记者，别具一格的是，他用武术的逻辑报道金融行业的新闻和传奇故事。从他口中，我知道原来做投资也需要忍的精神，不能任意跳来跳去，心里要清楚金融市场的波动，要有忍耐和恒心，波澜不惊。

总之，忍是开始任何一件事情的前提条件，不管是功夫、学习、科研，还是工作。没有忍，任何事情都无法向前良性发展。

忍代表一个人、一个民族的决心。不管遇到任何障碍或者困难，只要有忍的精神，人们就能继续前行，就能克服障碍。2020年，全世界笼罩在新冠肺炎疫情的阴霾之下，但是为什么中国能成功挺过疫情危机呢？这与中国人民心里有忍的精神是分不开的，因为中华民族坚信忍的力量。正是全民的忍耐与坚持，全力配合政府疫情防控工作，中国才能一点一点地渡过疫情的难关，这值得全世界其他国家学习。

郑文龙说："坚忍这种精神是中华民族一种很可贵的品质，我们是从苦难中坚韧地走过来的。"1840年鸦片战争后，中国逐渐沦为半殖民地半封建社会，受到外国列强的欺压，但是在这种情况下，中华民族仍然没有放弃属于自己的希望和未来。从鸦片战争的反抗，到五四运动的新潮，中国人民进行了英勇卓绝的斗争，反抗帝国主义和封建势力的压迫。

1921年，中国共产党正式成立。正如习近平主席所说："小小红船承载千钧，播下了中国革命的火种，开启了中国共产党的跨世纪航程。"从嘉兴南湖红船开始，中国共产党带领中华民族反抗列强，走出封建旧社会的漫漫长夜，创建新中国——一个真正属于中国人民的新中国。

第一部分 地

从建党初期开始，中国共产党人就已经内化了"忍"的核心精神，以坚韧不拔的精神为世人所知。其中最典型的要属长征路上的传奇故事——四渡赤水、巧渡金沙江、强渡大渡河、翻越雪山，等等。

"1934年10月，第五次反'围剿'战争失败后，中央红军主力被迫撤离江西革命根据地，准备与二、六军团会合，沿途突破敌人四道封锁线，兵力损失五万余人。12月，黎平会议召开后，红军改变会合计划，向贵州腹地进发。1935年1月，红军攻打娄山关，占领遵义城，召开政治局扩大会议，毛泽东在中央的领导地位也开始确立。会后，红军四渡赤水河、巧渡金沙江、强渡大渡河、翻越夹金山。6月，与红四方面军会合，开始与张国焘的分裂主义作斗争，左路军走过人迹罕至的草地。随后，红一、三军团和军委纵队继续北上，攻克天险腊子口，翻越六盘山，到达吴起镇与陕北红军会师，中央红军长征宣告结束。1936年10月，中国工农红军第一、二、四方面军在甘肃省会宁地区会师，红军宣布长征胜利结束。至1936年10月止，红军走过了赣、闽、粤、湘等十一个省，经过了五岭山脉、湘江、乌江、金沙江、大渡河以及雪山草地等万水千山，行程达两万五千里。这就是举世闻名的二万五千里长征。长征，在人类历史上前所未有，极其伟大。它创造了无与伦比的英雄业绩，谱写了惊天地、泣鬼神的伟大革命诗篇。它是中国革命史上的奇迹，世界军事史上的伟大壮举。它在世界人民的心中，早已成为一部不朽的英雄史诗。"（引自《长征精神》）

"红军不怕远征难，万水千山只等闲。"

中国，一个拥有五千年悠久文明的泱泱大国，在近代饱受外敌入侵的屈辱。山河破碎凋零，人民不能安居乐业。但是在内忧外患面前，中华民族并没有轻易倒下。1949年，新中国成立，毛泽东向全世界庄严宣告，"中国人民从此站起来了"。虽然新中国一路走来，许多问题接踵而至，但是中国人凭借着坚忍的精神，一点一点建设国家，添砖加瓦，增强国家实力，走向全民小康。

从始至终，中国共产党怀揣着美好的理想，逐渐把新中国建成美丽的富强的国家。刚刚解放的中国社会一穷二白，一切都处于百废待兴的状态，但是中国始终坚定发展，逐步建立工业体系，发展国民经济，并且在这一过程中勇于接受世界其他国家质疑的声音，在质疑声中坚定不移地走自己的特色发展道路，诠释了"忍"文化的精髓。

1950年，朝鲜内战爆发，美国随即派兵进行武装干涉，发动对朝鲜的全面战争。在这种情况下，即使当时的新中国成立没多久，百废待兴，但是中国人民仍然选择团结起来，制止美国在朝鲜半岛的侵略行为，应朝鲜政府的请求，"抗美援朝，保家卫国"。并且在1953年停战后，帮助朝鲜人民恢复社会和经济秩序。

1978年中国改革开放以后，很多西方国家提出自己的观点，意图对中国发展方案指手画脚，但是中国坚忍地遵循着自己独特的道路，结合中国实际国情与传统文化，不断开放，引领世界发展新趋势，重塑全球化新格局。

中国政府始终秉承着"不忘初心，牢记使命"的精神，这也是忍的体现。特洛伊团队专业影视剧武行特洛伊·桑福德说："坚持不懈，努力工作，把你从这个世界获得的价值，回馈给这个世界。"中国政府便是这句话的最佳写照。

不管国内外形势如何复杂变化，中国始终走中国特色社会主义发展道路，朝着实现中华民族伟大复兴的宏伟目标奋力前行。

第二章　根

柢固则生长，根深则视久。

——《韩非子·解老》

有一天，我请教杜德平老师"根"字的文化内涵，他首先向我介绍了"根"字的组成——

"根字，一个木，木头的木就是树。树一定要有根，没有根，就没有本，这棵树就死了。没有根的拳，没有根的文化是不可能长久，不可能延续的。"

杜德平老师在我的院子里扎马步，练云手，动作纯熟连贯，如行云流水。他扎的马步结实牢固，就像树根一样遒劲。

每一棵树都有根，根扎得越深，树长得越高，越枝叶繁茂，能遮风挡雨。如果树木的根非常浅，那么可能一阵风就能把树刮倒。树是如此，功夫亦是如此。很多大师都说，功夫一定要打好基础，要扎好马步，扎马步的同时，要联系人的意念。一个人在练功时，腿、脚要与地相连接。人和地融为一体，才有根。这就体现出基本功的重要性。没有基本功，就不可能练好任何一门功夫，不管这门功夫需要使用兵器，还是徒手。

所有功夫的基础都在脚法，在忍的前提下扎根。人类四大文明古国，有三个已经湮没在悠悠历史长河中，唯有中华文明历久弥新，延续至今。在我看来，中华文明五千年来源远流长，未曾中断的原因就在根深。21世纪的今天，中国在很多领域飞速发展，遥遥领先，这都体现着中国文化的根扎得牢固，扎得坚韧。

根在脚法

国家级非物质文化遗产八卦掌尹氏八卦掌嫡传人王尚智对我说："实际上中国那么多拳种，现在有记载的拳种129个，哪个拳种也离不开这个基本功。你像弓蹬式，马步，扑虎式，金鸡独立式，哪个也离不开。但是练的时候，各门各派，它的要求又不一样。"

在少林寺，释德扬大师亲自向我演示少林的传统马步，我发现传统马步跟现代的马步很不相同——如今的马步像普通的骑马动作，但少林的古老马步像元朝的精锐骑兵的动作。

他反复强调马步的重要性："四平大马，这个马步一定要平，好像是骑马一样。少林寺这个功法，首先它讲的就是这个根。不论练什么，如果你练好这个马步，要脚下生根，无论是马步、弓步、丁步、虚步、歇步，所有的步法你在练习一段时间后，比方说我要想推你而推不动，就是说你像脚下生根一样。"

通过释德扬大师的指导，我扎好马步，他推我而推不动，因为我尝试着把意念灌注在脚下，在我的根基里面，以此做到风吹不动，人推不动。

我从释德扬大师那里了解到，武术的基本功当中，最重要的要属脚法。一个人练习武术，若一开始的脚法练得不对，那么其他的一切功夫都会产生偏差，让努力付之东流。

脚法的力量并非来自身体、来自肌肉。人们的肌肉没有那么多能量，实际上，这份能量来自于大地母亲，通过正确地练习脚法，人们可以把大地的磅礴力量化作自身的能量。因此，脚法通过大地，通过根，来发力，使人能量充沛。

有一次，我请教了一位咏春和截拳道拳师，同时也是知名武打演员詹森·潘，他说："它使我脚下生根，让我的身体与脉轮完全和谐，从而帮助我获得力量，我可以吸收地球的天然磁场的能量。"

秋天，逐渐发黄的树叶纷纷凋零在地，一片一片，一层一层地堆积起来，人站在树叶之上，脚下发出沙沙的声响。詹森就是在这样的环境下练习招式动作，并展示给我们看的。天地之间，安然静谧，唯有詹森练习时发出的丝丝声响，好似他在吸收日月的能量，灌注到自己的脚下，再延伸出去。

这就是中国功夫的根，它不需要在豪华气派的练功房里速成，它需要的是在大自然的怀抱中感受身体与脉轮的和谐，感受脚下生根的自然力量。

钟海明老师同样强调了"根"的重要性，他对我说："中国练这个拳，它是要站桩，就是要你站在天地之间。你上面枝叶多茂盛，你下面的根系才有多发达，反过来说，你根系越发达，这树就长得越茂盛。"

意拳第三代传人程岩说："站桩它有一个要求，就是你站在这块儿，好像是头顶天，脚踏地。把你散乱在外的那些灵气给收回来，让你的正气复出。"

感受脚下的大地，感受能量流入我的体内。我与郑天任一样，感受功夫的根，好似一棵大树的各个枝干，互相连接，传输养分和能量。

有一次在院子里，刘鸿池老师教我如何站桩，他说："肩井（穴）对着涌泉穴，那气才能上来。这一站，你的气才能运转，不然气就散了。"

从这些老师的话当中，我开始了解到，所有武术都要靠脚法，靠步法，因为这是一切功夫的根。这个根，同样也是文化的根，是历史的根，是传承的根。功夫其实折射出中国整体的文化。人们要清楚地了解历史文化，这个民族才能够不断向前发展。

作为一个外国人,我反观西方,特别是美国社会,很多人都处于一种迷茫的状态中——他们并不知道自己的根在哪里。在当今社会,许多美国人面临着"我是谁"的心理危机。这就是因为缺少文化的根,使得很多人内心迷茫、彷徨,感觉需要看心理医生才能重新塑造自我。实际上,如果他们的内心有"根",便完全可以不去看心理医生,自己就可以疗愈。

戳脚翻子与根

钟海明是戳脚翻子拳的传承人,他教给我很多中国的文化哲学。他告诉我说,戳脚翻子这一派尤其强调脚法、步法,它的特点就是拥有众多的脚法。在练习戳脚翻子时,人们用"气"来砸对方的腿和脚,能够踢到很高,甚至到对方嘴的高度。从这方面来看,戳脚翻子需要人发挥"根"的能力。

戳脚翻子明确了功夫的本质——步法是所有功夫的根。我认为这个功夫种类非常厉害,但是相当难练,这种迷人的魅力让我对戳脚翻子充满了兴趣。在了解了一番历史之后，我才知道该拳术初现于宋代，在中国古典文学《水浒传》中进一步发扬光大。

戳脚翻子是武林侠士之间兄弟情谊的结晶，侠士必须具备崇高的道德规范和忠义精神。《水浒传》里面很多侠士都练戳脚翻子，他们练武，讲义气，有规矩。从此，我也知道了中国人对义气的看重。我的练习伙伴们也互相尊重，互相学习，我们对老师，对传承，亦是如此。

钟海明老师在我练武的地方亲自给我演示戳脚动作里面的暗腿。这其中有很多弯弯绕绕，直到他一步步将搭手、戳脚等动作分解拆开告诉我，我才明白其中的奥妙。戳脚的动作，遒劲有力，落地"铛"的一声，气沉下去，而且可以戳到脚面上。戳脚的技法以暗腿为主，练功者的腿法十分灵活。暗腿的意思是说，就算手搭上了对方，被对方提防，腿却可以在对方不注意的时候，抬高到一定高度攻击对方。

由这些动作，钟海明又提到了《水浒传》，他说："那武松醉打蒋门神，他就是用玉环步鸳鸯腿。刚才你也看了，他实际上是有一个步法。"钟海明和滕建云（北京武术运动协会九翻武道专业委员会副主任）演示了玉环步鸳鸯腿，让我眼前一亮。

滕建云身着一身白衣，一串行云流水的玉环步鸳鸯腿，把我的思绪带回到武松打虎的年代。

武松——中国四大名著之一《水浒传》中的重要人物，江湖人称"行者武松"。他是《水浒传》众多好汉中最广为人知的几个之一。武松曾在景阳冈徒手打死一只吊睛白额虎，是一位朴素英雄主义人物。

武松为什么武艺超群呢？

我们看他的招式便知一二。武松用的是经典的玉环步鸳鸯腿，名字虽然听起来华丽，但内里却非常实用。

钟海明说："（玉环步鸳鸯腿）不光腿法，它实际上带摔法的。（他指着腿上的一些部位说）像这些腿的地方都要经过操打。戳脚翻子拳它应该是称为古代十大拳种之一。十大拳种是洪、留、枝、捋、磨、弹、花、炮、查、龙，戳脚翻子拳又称枝子门。那么当时呢，戳脚翻子拳最早是由宋代一个知名的拳师叫周侗开创的。周侗下面有很多的弟子，其中包括岳飞，还有《水浒传》里头有很多人物，武松什么的,都是他的弟子,现在叫戳脚翻子拳,翻子本身就是翻转、变化的东西。在《水浒传》里头很多地方讲到(人物)用的技法、腿法和它的步法,都是戳脚翻子的东西,名词术语完全是一致的。实际上,中国传统文化里一直都是非常讲规矩的,讲忠、侠义。"

如果你阅读中国四大名著之一的《水浒传》,你会发现《水浒传》中的众多英雄人物极其讲义气,讲江湖侠义与道德。《水浒传》里面有很多拳法功夫,但整本书想要表达的理念和价值并不限于拳脚功夫,并不限于武术招式,而是在展现中国文化的根,在宣扬中国人自古以来对于"忠"的信仰。

"一带一路"与根基建设

武术里面有一种拳术叫梅花桩,又叫梅花拳。它的核心是立于桩上练习,发展和强固练习者的根基。其实,这只是中国功夫的一个缩影——中国功夫的重中之重就是练习步法,扎牢根基。

这和中国传统文化密切相关。众所周知，中国是一个文化底蕴深厚的泱泱大国。正如习近平主席在一次演讲中所说的那样，中国几千年的历史长河中诞生了孔孟思想，还有庄子、墨子、孙子、韩非子等大家，诞生了四大发明——造纸术、火药、印刷术、指南针，诞生了唐诗宋词元曲，诞生了万里长城、都江堰、故宫等伟大工程……更为重要的是，这些中国传统并没有随着时间流逝消失在历史中，而是在今日仍然产生着重大影响。

中国的"一带一路"倡议不仅仅在于缅怀曾经古丝绸之路的辉煌历史，恢复丝绸之路的精神和一路上的商业繁荣。在中国的文化思维和规划框架内，无论是西方发达国家还是发展中国家，都能够受惠于中国的对内投资和国际贸易振兴。

中国推动"一带一路"国家的基础设施建设和通信网络建设，都是在构筑根基。因为中国自身的发展经历让领导人深刻地意识到，这样的基础设施投资建设至关重要，它能够为企业，为工业的进一步发展铺平道路，是未来发展的根基所在。

帮助"一带一路"沿线国家建设道路、基础设施和通信网络，是因为这些对于外国投资者有着重要的根基作用。如果中国政府不去投资建设这些基础的设施，基础的交通，基础的网络，那么投资者也许不会想要来到基础设施贫瘠的地方投资。

此外，一些国家并不愿意投入太多在基础设施建设上，很多国家根本就没有相关的资源来建设基础。所以，中国要同他们一起完成根基的建设。基础道路铺设好，之后世界各国包括中国的贸易和投资机构才愿意进入这些国家的市场。与此同时，还能保证在农业、工业制造业和能源开发等领域对这些国家投资的中国公司享受到高效优质的水路运输网络服务。共同铺下根基，是为了互利共赢、共同发展。

为什么要大力发展基础设施？

正如习近平主席所说，基础设施是国际社会成员之间互联互通的基石，也是许多国家和地区发展的瓶颈。如果一个国家没有齐整的公路、没有发达的铁路、没有完备的码头，那么将无法吸引外资。国外的产品即使进口到国内，也无法运输，无法分销到人民的手中。同样的道理，如果没有四通八达的交通枢纽，那么国内生产的产品也无法顺利运送出口，更不要提高效了。

中国经济腾飞的保障就是世界一流的基础设施。

近年来，中国的高铁飞速发展，从和谐号到复兴号，全世界的人们都对中国速度发出惊叹。2020年中国春节之际，新冠肺炎疫情暴发，中国政府能够迅速建设火神山、雷神山等方舱医院，无一不在彰显中国速度。医疗储备和人力资源的根基是抗疫成功的基石，中国能够迅速建成大大小小的方舱医院，体现了国家强大的医疗储备根基和基础设施建设能力。我认为这些都是值得西方社会学习的地方。

改革开放四十多年来，中国从一穷二白成长为世界第二大经济体。但凡对中国发展情况略有了解的人们都知道，中国现今蓬勃发展的一切并不是随随便便就发生的。

从发展目标和蓝图来看，中国共产党一直坚守着1921年以来的根基和初心——国家富强、人民富裕。虽然在新中国成立以来，中国先后面临了许多问题，也犯下了一些错误，但发展的道路是曲折向前的，总体趋势是光明的。就像一棵大树，在暴风雨的天气，有可能被大风刮得枝叶凋零，但是再大的风也不能动摇大树牢固的根基。中国在发展的过程中总是能够及时改正错误，回归到正确的道路上来。

近些年来，西方国家屡屡想要对发展中国家的发展蓝图指手画脚。他们往往指责发展中国家不够重视人权，缺乏基本的民主，没有全民公投。但是发展中国家想要真正迅速发展起来，靠的并不是纸上谈兵、理论性的政治内容，而是要解决发展的根基问题。

正如一棵树想要从小小的树苗生长为参天大树，必须要把根扎牢。这个根，就是一个国家的基础设施建设。有了良好的基础设施，才是真正对百姓负责，才能真正发展经济。

中国人也许一直没有放弃复兴古代丝绸之路的想法，因为丝绸之路的根基在中国文化里埋藏得很深厚，融入每一个中国人的血脉里。

丝绸之路代表的是一种延续千年的全球经济秩序。虽然近代的经济秩序暂时破坏了它，使路途中断，但是在中国宏大的历史观背景下，这些破坏只是在悠久历史长河中互动贸易和文化交流的短时中断。因为古丝绸之路的根基一直存在，所以中国有信心去慢慢恢复这种秩序。

2020年的世界出现了更多不稳定的因素。近年来，美国和欧洲一些国家的政客们纷纷倒向保护主义和反全球化、反多边化政策，这些举措为世界格局带来了新的不确定性，而非机遇。

而恰恰在这个时候，中国迎风而行，夯实"一带一路"倡议。"一带一路"是一条全世界互联互通的新路，能够开启沿线国家全面发展的大门，重塑全球化的面貌，是创造和引领世界趋势的决定性力量。新的丝绸之路正如树枝一样向上延伸，背后作为支撑的树根便是中国。

中国的"一带一路"蓝图把各个大洲的国家都纳入友好的合作对象范围。截至2021年1月底，中国已经同140个国家和31个国际组织签署205份共建"一带一路"合作文件。已同中国签订共建"一带一路"合作文件的国家如下：

非洲：

苏丹、南非、塞内加尔、塞拉利昂、科特迪瓦、索马里、喀麦隆、南苏丹、塞舌尔、几内亚、加纳、赞比亚、莫桑比克、加蓬、纳米比亚、毛里塔尼亚、安哥拉、吉布提、埃塞俄比亚、肯尼亚、尼日利亚、乍得、刚果布、津巴布韦、阿尔及利亚、坦桑尼亚、布隆迪、佛得角、乌干达、冈比亚、多哥、卢旺达、摩洛哥、马达加斯加、突尼斯、利比亚、埃及、赤道几内亚、利比里亚、莱索托、科摩罗、贝宁、马里、尼日尔、刚果（金）、博茨瓦纳。

亚洲：

韩国、蒙古、新加坡、东帝汶、马来西亚、缅甸、柬埔寨、越南、老挝、文莱、巴基斯坦、斯里兰卡、孟加拉国、尼泊尔、马尔代夫、阿联酋、科威特、土耳其、卡塔尔、阿曼、黎巴嫩、沙特阿拉伯、巴林、伊朗、伊拉克、阿富汗、阿塞拜疆、格鲁吉亚、亚美尼亚、哈萨克斯坦、吉尔吉斯斯坦、塔吉克斯坦、乌兹别克斯坦、泰国、印度尼西亚、菲律宾、也门。

欧洲：

塞浦路斯、俄罗斯、奥地利、希腊、波兰、塞尔维亚、捷克、保加利亚、斯洛伐克、阿尔巴尼亚、克罗地亚、波黑、黑山、爱沙尼亚、立陶宛、斯洛文尼亚、匈牙利、北马其顿（原马其顿）、罗马尼亚、拉脱维亚、乌克兰、白俄罗斯、摩尔多瓦、马耳他、葡萄牙、意大利、卢森堡。

大洋洲：

新西兰、巴布亚新几内亚、萨摩亚、纽埃、斐济、密克罗尼西亚联邦、库克群岛、汤加、瓦努阿图、所罗门群岛、基里巴斯。

南美洲：

智利、圭亚那、玻利维亚、乌拉圭、委内瑞拉、苏里南、厄瓜多尔、秘鲁。

北美洲：

哥斯达黎加、巴拿马、萨尔瓦多、多米尼加、特立尼达和多巴哥、安提瓜和巴布达、多米尼克、格林纳达、巴巴多斯、古巴、牙买加。

第三章　忠

尽心曰忠。

——《说文解字》

忠，是孔孟思想里面居于核心位置的概念之一。

在中国文化里，忠，代表着人们必须尊重父母和老师。如果你略加思考，想一想生命从哪里来，家庭如何组建，你就会发现"忠"的重要性。人与人之间不能缺乏基本的尊重。

中国人讲究在家里必须尊重父母，因为"身体发肤，受之父母"，是父母亲给予他们的孩子生命。在学校，我们必须尊重老师，因为是老师教授学生知识，助力学生的未来。

我在国外居住的时候，看到很多学校的学生对他们的老师缺乏最基本的尊重。很多学生上课时的态度和表现与课间并无二致——忙自己的私事，或是玩耍。这就是对老师的不尊重，也是对知识，对教育，对自己的前途的不尊重。我认为这样的学生在他们长大之后，很难有一番建树。

除了尊敬父母，尊师重道之外，中国人也尊重他们的祖国。如果没有国家，就没有民族的传承和繁衍，就会失去文化的流传。

尊重别人也是为了尊重自己。我们要了解中国功夫，就要懂得尊重在功夫价值观里面的重要地位。我们进入武术馆学习武术，练习功夫，都要把"忠"字铭记于心。

众所周知，儒家思想一直以来都是亚洲文化的基石之一。忠诚和敬重是儒家思想的核心原则。任何一个学习武术的人，不论他们学习的是咏春、空手道、跆拳道、少林功夫还是太极，他们实际上都在遵循着儒家的伦理道德。武术教导人们忠诚于他们的学校、老师、学长和社群，并且互相尊重。

我拜访了很多武术老师，他们都认同"忠"的价值。

特洛伊·桑福德说："我们不仅忠诚于彼此，而且也忠诚于道德,所以忠诚是成功的关键。"

钟海明说:"练拳里头(忠诚)就是从你的一招一式要守规矩,江湖里头它就更要讲,对师傅,对老师,对兄弟姐妹、师兄弟都有规矩。"

程和敬也对我说,他一向欣赏那种传统的教学方式——鞠躬拜师,"我了解新手拜师学艺最终学有所成的过程。人人都想要成功,如果你不经历这些过程,而是急于求成,你就会欠缺一个重要环节。"

就我个人而言,我跟着刘鸿池老师学习中国功夫有很多个年头了,某一天,我认为是时候拜他为师了。拜师,在中国文化里面是一个仪式,也是中国文化很重要的一个理念。拜师象征着学艺者通过仪式与授艺者结成师徒关系,意味着习武者悉心学艺之后最终成为某个大师的弟子,他要传承大师的技艺,并要具备侠士的忠义品质。

中国的拜师习俗受到了儒家文化的很大影响。儒家非常重视老师传授弟子的规章制度。而且,一个人不能随便对着别人磕头,要对他所忠敬的老师磕头,这其实是对他学艺的这一派传承磕头,而不单单是磕的老师这个人。老师是流派传承的化身。

拜师的整个仪式给我的印象很深。

刘鸿池老师自己已经拜了四位老师，在我的拜师仪式上，他向当时在座的所有人简单地介绍了他入门的各位老师。他讲道：

"第一个，张钧老师，1953年（我）跟他学习，他是程派八卦掌第四代传人，外号叫大刀张，擅使春秋刀。陈伯远，1956年我拜他为师，陈伯远是张家功夫创始人张长祯的弟子。常振芳，我是1961年跟常老师学习查拳，在那个年代跟常老师不断地学习查拳。孙剑云老师，我是在1993年拜孙老师为师，孙老师那时候对我进行了无微不至的关怀和教导，所以（我）掌握了孙氏太极拳、形意拳和八卦掌。

"最后我再介绍一下我们拜师的仪式，有三碗凉水，这个仪式是什么意思呢？就是张家功夫里面入门的时候，要敬拜三碗凉水。三碗凉水意味着什么呢？是张家功夫创始人张、赵、马三位宗师，明末时期的三位大将，为了继续反清，他们隐居到四川，三人一起研究，形成了一个独特的功夫。三碗凉水的意思是敬拜三位宗师，凉水意味着上善若水，上善达到最高的德性，所以我们拜师的时候要敬三碗凉水。"

在我眼中，拜师仪式的三碗凉水代表着天清、地清、水清。这恰好符合当前中国政府在全国范围内大力倡导的生态文明建设。三碗凉水蕴含着保护生态的意识。因此，拜师仪式不仅仅是传承的一个环节，更是在教导弟子做人做事的基本原则，潜移默化地告诫弟子要尊重自然环境，保护生态文明。

生态文明，实则意味着忠于大自然，忠于地球母亲。

中国的生态文明建设政策指明了几点内容——

·投入电网改造，使用绿色清洁能源；

·利用金融、信贷、财政政策等手段促使企业使用可再生、高效能源；

·重新定位 GDP；

·划定生态文明红线，划定禁止开发或开采的生态敏感区；

·进行全民生态文明教育……

改革开放以来，中国经济迅速腾飞，所获成就举世瞩目，然而超高速度的发展带来了严重的环境问题。例如越来越多的人不得不在雾霾天选择佩戴口罩，防护颗粒物污染。环保观念逐渐深入人心，越来越多的中国人开始担忧环境问题，全民对环保的关注达到了前所未有的高度。

生态文明是可持续发展理念的中国本土化版本。"可持续发展"理念在1992年联合国环境与发展大会上被普遍接受。实际上，中国倡导的"生态文明"已经超出了联合国当初为地球行星系统的可持续性所设想的范畴——生态文明的概念将保护地球视为商业和金融发展的大趋势。

在许多方面，中国已经大大改变了过去以牺牲环境来换取工业增长的发展道路。牺牲环境，浪费资源，意味着背叛地球母亲，不忠于生养人类的大自然。破坏环境不是中国的文化，不是中国人想要看到的结果。因此，中国政府将生态文明写入宪法，正式转变以往的发展方式，回归自然，忠于自然。

忠信——白帝城托孤

忠的价值观里也有信的意味。王楠对我说:"信,是诚信、是可靠、是诚实、也是真实。"她用白帝城托孤的故事来向我说明忠信的内涵和重要性。

她讲道:

"蜀国国君刘备躺在病床上,将他最信赖的谋略家诸葛亮叫到病床前。刘备说如果自己的儿子值得辅佐,希望诸葛亮在他死后继续辅助他的儿子,提供治理国家的谋略,维护国家的利益。虽然历史说明刘备的儿子是一位不负责任的国君,但是诸葛亮仍然像辅助刘备一样辅佐他的儿子。因为诚信,诸葛亮用一生辅助蜀国,努力使其国土保持完整。

"信或守信表示忠于你的承诺,忠实于你坚定不移的诚实。信任本身就需要有所可信,如果没有可以信任的,则没有信任。如果没有信任,生命还有什么意义吗?如果你做生意没有信任的话,我无法想象,它将是多么困难。它将对交易双方都如同折磨,或是对其他任何参与者都是折磨。如果你从事艺术行业,或是从事其他任何行业,如果没有信任,那么做这些事的意义何在？你仅仅是完成了一个过程，仅仅是走马观花。大概这就是为什么这世上太多事情都只是三分钟热度。热情很快就被加速消磨殆尽。对我来说，就像刚才说的一样，如果没有信任，那也就没什么可说的了。"

京剧艺术家王楠

哲学家王阳明曾论述过，自我相信，去相信人们内心的正义感，去相信人们的本性善良。这种信心会引领人们走向一条恒久的路——你必须相信你自己。在北京外国语大学博士、教授大卫·巴拓识眼中,这样一种自信,即人在某时某刻遵循直觉所做的事,遵循道家思想中"道"的本心。因此,他认为这是极其重要的一个词。自信,就是相信自己。

武当三丰派传承人蒋师莫

信，是信用，也是信念。蒋师莫是武当三丰派第十五代武术传承人，在人与人的交往中，他非常看重诚实守信的基本原则。像他一样的习武之人，冬练三九，夏练三伏，十分辛苦。但是只要心中有对武术的信念，他们便会更好地克服困难，磨砺自己，锻炼自己。

钟海明也讲到，中国文化里有诚信的基因。中国政府在执政当中融入了这些传统文化的美德和原则。习近平主席特别强调，中国的干部要信念坚定、理论坚定，目的其实最后都是为了服务于人民。

那么，干部要如何才能做到让人民信任呢？

其中关键的一点是，他们需要花费时间和精力学习习近平新时代中国特色社会主义思想，并且深入理解理论的现实意义，在自己的实际工作中融会贯通。他们要有坚定的理想信念，正确的政治方向，只有拥有崇高的理想信念，才能更好地服务人民，为人民排忧解难。

"不忘初心，牢记使命。"

这句在中国家喻户晓的话，其实就是中国文化里面"忠信"的现实写照。

这句话想告诉人们，中国的干部要忠于人民，忠于党的信仰，与人民风雨同舟，对人民负责，为人民服务，接受人民监督。

只有站在人民群众的角度思考问题，才是忠于人民，才能让人民心里有获得感，有信任感、幸福感。这样的政党，是值得人民信任和依赖的。2020年，面对突如其来的新冠肺炎疫情，中国政府及时下令封锁武汉等疫情严重区域，是为了人民群众的切身安全考虑，实为忠于人民。中国的群众也都能意识到新冠病毒的传染性和严重性，因此信任政府的举措。忠与信，实则相辅相成。

忠孝——孙登孝顺养母

忠孝，在家国之间建立起桥梁。

王楠认为，孝是孝顺、是忠贞、是敬重。她给我讲了孙登孝顺养母的故事，来帮助我更好地了解"孝"的内涵。

她说："孙登是吴国国主孙权的长子，他由孙权和当时的宠妃徐夫人抚养长大。尽管孙登并不是徐夫人的儿子，但是徐夫人对其视如己出,而孙登也像亲儿子一样对徐夫人孝顺有加。后来孙权逐渐宠信其他妻妾,并将徐夫人放逐。孙登一直挂念着他的养母徐夫人,及至孙权称帝,欲立孙登为皇太子,而作为他受命成为皇太子的条件,孙登希望招养母徐夫人回宫。"

"孝,即孝顺,是指对父母长辈甚至先祖的尊敬和无私奉献。奉献是爱的一种表现,当一些事情展现出爱的时候,总是让人感动。我觉得要是人们没有被感动,那这件事很可能就不是爱的一种表现。奉献就更无从谈起了。所以一个人若是有所珍视的东西,甚至在不知不觉中铭刻于心时,则对其的爱与奉献会自然而然产生,你会自愿为其付出。你的时间,你所拥有的最好的一切,乃至生命,都给它。这样的奉献甚至可能不会要求任何回报。也许只是给予就足够了。"

玖玛资本董事长、投资银行家张谨眼中的"孝"代表着虔诚、敬重以及忠贞。

他觉得:"孝在西方社会中并不经常地这样被使用或谈起。孝的中文字是由两部分组成,即'老'或者说是父亲,为上半部分，位于'子'或者说是儿子的上方。这代表着年轻的人承载、供养着年长的人，即老人或者父母。这是中国文化中最重要的概念之一。年轻人照顾老人，儿女照顾父母。以我们公司为例，如果有员工想要请假回家照顾父母，公司是非常支持的。因为他们是孝顺的儿子，或孝顺的女儿，这是为人最重要的品行之一。这世间没有比这更好的处理私事的请假理由了。"

蒋师莫说："孝是孝敬父母，敬老爱小，也是一种非常好的美德。我们在习武过程中也要孝顺我们的师傅，爱护我们的朋友，这样的话我们才能更好地把文化传承下去。就像很多的经典当中讲的，鸦知反哺，羊知跪乳，都是孝的品德。"

忠诚——关羽千里走单骑

跟我讲述了忠信、忠孝的故事之后，王楠还提到了忠诚在中国文化里的重要性，她说："忠，是忠诚、效忠、忠贞、忠信、服从、忠实。"

为了深入理解忠诚的意义，王楠举了关羽千里走单骑的例子。她说："一代枭雄曹操俘获了对手刘备手下第一猛将关羽。曹操对关羽许以名利、权位等好处相诱，劝说关羽投曹。然而关羽对刘备忠诚无二，唯愿辅助刘备。关羽在得知刘备下落后，单人匹马保护皇嫂千里寻兄，曹操出于对关羽忠义品格的欣赏，允其回归。在路上受到了不听曹操命令的城关守将的阻拦，关羽被逼无奈，过五关斩六将。"

"忠，或是忠诚，是指尽心奉献，坚守诺言，无论用什么厚禄高官诱惑，都不为所动。忠诚是非常不容易的。瞧瞧那些随随便便跳槽换岗的人，多么轻而易举，多么迫不及待，总是为了一点蝇头小利而三心二意。或是丧失耐心，或是自毁承诺。也许忠诚于某事并不一定代表忠于你的雇主，但是忠诚于某事对你应该是意义非凡的。某事可以是那些你正在为之努力奋斗的事，不是因为你需要钱，而是因为其独有的意义吸引着你。于我而言，这发人深省。所以我会想要引导大家，塑造这样的品格。"

忠诚于家人，忠诚于朋友，忠诚于社会，忠诚于文化，忠诚于社群。中国国际电视台主持人邹悦认为，忠诚最初的意义，是仅仅指忠诚于国家，忠诚于统治者。但是在中国社会的逐渐发展中，忠诚的意义逐渐扩展、升华。

巴拓识说："我们得保持对人类的忠诚。毕竟我们是人类，所以我们的首要义务之一便是持之以恒地忠于人类。这是我们的根基。我们都是生长在人类社会中的，而且我认为这也是儒家传统文化想教导我们的。忠于你的父母、朋友以及另一半。"

忠，是忠于国家，忠于事业，忠于家庭，忠于友人。在习武的过程当中，要时刻记住忠于自己的文化信仰，忠于师者，忠于师兄弟，甚至忠于我们习武者学习到的一招一式。

在我看来，中国社会在遇到危机之时，举国上下就会显示出血脉里的忠诚。

中国政府应对疫情的各项措施，受到民众的广泛支持，是因为人民相信政府，忠于自己信赖的政府。政府一声号令，人民在地方干部的组织下齐装上阵，自觉遵守隔离要求。从首都北京这样的大都市，到中国乡下的小村庄，全中国上下都积极遵守着防疫措施——不聚集，不扎堆，从疫情地区归来主动接受隔离管理。

北京发现输入疫情后，每一条胡同口都有安保人员站岗，进出要测量体温，并且居民进出要出示出入证。正是人民群众对政府的忠诚和信任，才能让这样的措施得以贯彻。而如此强有力的防疫措施，使得中国能够迅速切断传染链条，控制被传染人数。

以我的观察，自2020年1月下旬开始，北京熙熙攘攘的街道上、公交车上越来越多的民众开始佩戴口罩。从最开始形形色色、不同种类的口罩，到越来越整齐的蓝色一次性医用口罩，中国14亿人在政府领导下共同努力，阻隔病毒传染，得以打赢抗疫之战。

在武汉暴发疫情之后，全国各地的优秀医疗团队驰援武汉。可能你会觉得很奇怪，他们不害怕被传染吗？他们不担心自己患新冠肺炎吗？

但是这些医疗人员相信政府的号召，更相信政府的能力，他们有信心对抗病毒，也有信心保护好群众的生命安全。一个对人民负责的政府才能让人民的忠诚度、满意度不断提升。

反观西方社会，在发现疫情后，有的政府手忙脚乱，有的政府则认为这是小事一桩。中国在疫情走向拐点之后，再也没有全国大规模的第二次暴发，但是西方社会却一直没有遏制好疫情的蔓延。

以美国为例，截至 2021 年 3 月，美国新冠病毒肺炎累计确诊超过 3000 万例，累计死亡 55 万例。一场疫情，暴露了美国的脆弱。

很长时间以来，美国新冠肺炎确诊病例一直高居全球第一。作为全世界唯一一个"超级大国"，美国的各方面实力都是世界领先的，包括医疗卫生方面，但是，为什么抗疫是这样的结果呢？

当新冠肺炎病毒在美国小规模暴发时，美国政府并没有给予足够的重视。没有政府的统一领导，没有全国上下的团结一致，比如像中国百姓一样自觉佩戴口罩，也没有足够严格的社交隔离、封闭措施，导致了美国的疫情大流行。

政府保护百姓，百姓便对政府忠诚。

中国政府一直以来希望的就是让全体中国人都过上更好的日子，让所有人一起奔小康。中国政府相信，人民是执政的最大底气——人民是历史的创造者，是决定国家前途命运的根本力量，是新中国的根基所在。

想要人民忠诚，就要抓住民心，相信人民、依靠人民。从中国政府一系列的举措能够看出，他们想要通过各种渠道和途径了解群众的意见和要求，始终把群众的困难和诉求记在心里，不负人民的信任和忠诚。

实际上，中国文化里面的忠诚，不仅仅是忠于一个政府，一个政党，而是包含了对全人类作为一个命运共同体的尊重和诚意。中国人想要把忠于集体、共同进步的美好愿景带给全世界的人们。正如习近平主席所讲，人类命运共同体，顾名思义，就是每个民族、每个国家的前途命运都紧紧联系在一起，应该风雨同舟，荣辱与共，努力把我们生于斯、长于斯的这个星球建成一个和睦的大家庭，把世界各国人民对美好生活的向往变成现实。

第四章　敬

君子敬以直内，义以方外。

——《周易·坤》

　　武术馆里面练习武术的同学，他们所有人都要学习，都有自己的目标：想要通过武术来修炼身心，并且保护自己、保护爱人、保护父母、守卫国家。如何能够实现人与人之间的和谐相处？如何能实现以上目标？

　　首先，要互相尊敬、互相敬重。

　　人们走出武术馆，更要尊重社会上所有的老百姓，不论遇上胡同里的街坊四邻，还是公司的同事，都要展现对人的尊敬。其实，人们日常生活里交通事故的发生，很多都是因为事故双方互相不礼让。因此，社会必须有尊重，才能有和平，才能和谐共生。

国际武术联合会副主席、亚洲武术联合会主席、香港武术联会会长霍震寰对我说:"练武其中一个很重要的(原则是)要讲究武德。"

那么,武德具体指的是什么?

互相敬重就是其中之一。

武当三丰派第十五代武术传承人蒋师莫说:"像儒家、道家、释家以及我们的武术流派都有不同的礼节,其实它也是强调一个人与人之间的平等、尊重。"

姚红刚也对我说,练功夫的人,更应该去懂得尊重每一个人——有礼节,尊敬每一个人,而且去帮助一些弱者。"我觉得大家在一起训练都是兄弟嘛,就是互相提高,一起去打比赛,咱们在一起训练好多年就是好兄弟。"

特洛伊·桑福德说:"很简单,大家都在这儿训练,如果彼此间缺乏尊重,就会有人受伤。""如果没有尊重,就不会有和平;如果没有尊重,就会有冲突和战争,这是显而易见的。"郑天任说。如果武馆内部产生冲突,就会有习武者受伤。若这样的冲突发生在社会上,抑或是国际舞台上,就会产生更大规模的破坏和危险。

然而，真正的功夫精神规避冲突，把人们友好地联结在一起。詹森·潘告诉我："比如当我外出时，遇到了一个人，一个陌生人，他谈到了武术：啊，这个很酷，我也学习武术。那我们彼此立刻就会有共鸣。我于是会意识到，他们也投入了时间，也在不断提高技艺，这种切磋交流，对我也是一种促进，诸如此类。"

从每日醒来的那一刻起，船越义延就在思考心态的重要性，他想着怎样才能拥有最好的心态，从而成为最好的自己。这样一来，他便知道应该如何去做，知晓习武的方式。

我至今仍清楚地记得，有一天，京剧艺术家王楠跟我谈论中国的传统哲学思想。她为了解释"敬"的精神，特地给我唱了京剧《穆桂英挂帅》的一个选段。穆桂英，是杨门女将中的杰出人物，杨宗保的妻子，她与杨家将一起征战沙场，屡建战功，是中国家喻户晓的巾帼英雄。在五十三岁的时候，她仍然挂先锋印，深入险境，并且力战敌方辽军，取得胜利。此后，辽军再不敢南下侵犯边境。

她与樊梨花、梁红玉和花木兰并称为中国四大巾帼英雄。

王楠唱道——

"大人呐,你听说西夏被吓破胆,我看那王文也等闲。你要求和递降表,我要杀敌保河山,杨家将岂容人信口褒贬。"

她说:"这些女将出去是真的去打了,而且打赢了,真是为国效力,真是全家出动,等于家里边的男人都为国捐躯了。然而,她们并没有因为这个悲伤而放弃一切,反而把它变成力量,然后出去打仗。她的出发点其实是精忠报国,其实是为了保护自己的家园。这种精神不光是一个国家的精神,我觉得是一个人性的东西。"

正如释永信说的那样,少林寺的传承,包括尊师重道、尊老爱幼的原则,是中华民族的美德。

在互相尊重的前提下,更要精忠报国,敬重自己的国家和民族。西晋文学家潘岳在《杨荆州诔》中曾言:"伊君临终,不忘忠敬,寝休牀蓐,念在朝廷。"

马谡失街亭

王楠告诉我,义,代表着义务、责任、承诺和职责。

她说:"义,是正直的,是美德,是正派、可敬的,是有道德的、正确的、有正义的。"

于是,她给我讲了马谡失街亭的故事。她说道:"三国时期,魏国名将张郃率军抵御进攻祁山的诸葛亮。诸葛亮手下参军马谡主动请缨,以身家性命担保,要求带兵坚守军事要地街亭。尽管有人劝谏诸葛亮,说马谡如此许诺太过轻浮,但是诸葛亮依然接受了马谡的承诺,下放给他兵权,令其率军防守街亭。然而最终街亭还是被魏军攻占,诸葛亮无从袒护,因为马谡曾以性命担保完成任务,而他失了诺言使得街亭失守,诸葛亮只能挥泪斩马谡。虽然诸葛亮不愿失去一兵一卒,失去马谡是一大损失,但是一言既出,驷马难追,诸葛亮不得不履行自己的职责义务,斩了马谡。"

"义,或者义务,是指无论如何都要信守自己的承诺义务。所以,义是一种责任。我确实觉得这是不少人缺失的一种东西。不同于有人要求你对什么事要负责任,这是一种发自内心的东西。于我而言,如果今日我们对做的任何事都抱有责任感,我们每个人都对自己负责,那么我们就可以创造更好的世界。我们互利共赢、乐在其中。我们所有人都会因此受益。"

义放曹操

王楠老师在讲完上面的故事之后，又举了关羽义放曹操的例子。

她说："东汉末年，赤壁一役惨败后，枭雄曹操遁走华容道却被关羽拦住。当初，关羽也曾被曹操俘获，最终曹操因欣赏关羽的忠诚放了关羽，任其回到刘备麾下。如今，两人在这样的情形下重逢。曹操向关羽重提前事，提醒他说自己曾出于敬重放过关羽一次，关羽因此欠他曹操一命。关羽听后心中不忍，于是放曹操安然逃离。"

"义，即正义，是指做正确的事。无论身处何种环境，都以正义的名义和荣誉做正确的事。正义和功夫很相通相似。你需要通过训练去塑造，先养成一个个小习惯，积少成多，日积月累，最终塑造成人格。优秀的人格总是会显露的。正义的品质会在你的人格里发光发热，渐渐显露。

优良的人格需要花时间培养塑造。也许我们只是做了一件微不足道的小事，但是每一件事，每一次很小的决定，都是积善成德、培养人格的一小步。然后这每一小步慢慢变成人格里的正义。生而为人，如果我们缺乏正义，那我们和动物又有什么差别呢？"

义，或是正义，在邹悦看来，是中国社会中价值观的一个基石。"（正义）不仅于一个家庭，于一个团体，也于一个政府，都是基石。就我所知，中国政府当他们观察世界上发生的事情时，也会以正义的眼光去衡量、去评判事件的公正与否。所以，正义是我们做事的出发点。在你的国家和人民之间，抑或在其他国家的其他人群中，正义都是要考虑的。"

蒋师莫眼中的义，是公正、合规、合理的一种范畴。他习武时也是一样，每一个动作，每一个招式，每一个技法，都要合乎身法心法。"义者，正义、正气、正心、正念、大义凛然。这也是非常好的品德。我们在学习武当武术的时候也是一样。在习武的时候，我们不能做不合法的事情、不合理的事情。我们练武也是养浩然之正气，能够让更多的人因此去得到社会帮助，所以我们讲'侠之大者为国为民'。我们从内心要秉承这一点：正义、公平、公正。"

巴拓识说："义是一个非常重要的词。义，即义务。它就是说我们无时无刻不在面对着一些必须做、应当做的事情，有时我们也不得不面对一些不公平的事。也许正经历这些事情的并非我们亲近的人，但是这些事是我们应当做的。另外，还有一种义务是我们可以自由选择的。也就是说，没有体会到自由便难以体会到义务。我们用'自由'这个西方广泛提倡的词，去形容我们可以自由选择去做正确的事，或者满足私欲，但是我们每个人都不能只理解自由，我们要同时了解责任。你明白了什么叫自由，就知道什么叫责任。它们同时存在。"

三顾茅庐

如果想要更好地表示对他人的敬重，礼节、礼敬、礼仪、谦逊有礼、举止得体是必不可少的。

三顾茅庐就是一个很好的例子。

王楠对我说:"东汉末年,刘备希望得到隐居于乡野的卓越谋士诸葛亮的辅佐。于是,刘备亲自前往拜谒诸葛亮,以礼相待,反复三次登门拜访。等到第三次拜访,诸葛亮方才开门相见,与之商谈大计。诸葛亮被刘备礼贤下士的行为感动,当时在隆中隐居默默无闻的他,最终答应成为刘备座下第一谋士。礼,或礼节,是指对其他人给与其应得的尊重和礼仪,并保持谦逊。"

"'礼'的英文是 courtesy,意为尊重他人。在我看来,这是为人之本,是一切行为的出发点。它引导我们如何做生意,如何发展人际关系,如何开始做任何事,所以如果不能互相尊重,你无处可行。"

主持人、舞蹈演员于中美说:"'礼'之一字,于我是一种尊重。我成长在一个教师家庭,但我从未想过在美国做一名教师,因为我一直认为(在美国)教师是一个不受尊重的职业。学生在课堂上胡闹,甚至做出一些令人发狂的事情,所以我感觉做老师会是一件十分辛苦的事。但后来我来到了中国,并在这里生活了几年后,我自己尊重我所有的老师,而且我看见他们受到课堂上学生们的尊敬。

一个鞠躬，一声'老师'即是尊敬。你如果对老师不尊重，就不配留在课堂中，这就是基本的道德规范。而且我认为这应当是一种普遍的行为准则，值得我们将其推及至所有类型的师生关系中。"

舞蹈艺术家于中美

礼，在巴拓识看来，是一个非常重要的核心词。礼的价值观念有悠久的历史，通常广为人知的是"礼乐"这个词。"'礼乐'也就是礼仪和音乐。而礼仪和音乐代表着天下的平常规律，自我约束的规定规律。因此这个概念是说，礼仪规矩是人们承认一些通用普遍的礼节，一种万物普遍的自我约束，亦或'自然的'约束，即自然的因果循环。"

　　蒋师莫说："礼告诉我们的是做人谦让，人与人之间的尊重，知书达理，文明礼貌，那么运用到我们的生活当中，其实我们习武者不该逞强斗狠。这种理念不只是用在一介武夫的层面，人与人之间更需要礼貌相处。"

营造互敬互爱的国际环境

　　孔孟之道的精髓是——温良恭俭让、仁义礼智信、忠孝廉耻勇。要想拥有这些美好品德，那么一个人首先要学会尊敬、尊重他人，不论是对最亲近的人还是对陌生人。

　　中国社会中普遍存在敬爱的逻辑。百姓彼此尊重，友善沟通，社会氛围温馨和睦。中国政府集众人的智慧制定政策，集体协商，尊重彼此的意见，没有谩骂与争吵。

但我出生的美国社会却在近些年来越发出现不稳定的因素，社交媒体不断煽动人群之间的敌视与怒火。如今在年轻人之间流行的说唱音乐歌词中，充斥着脏话与怒骂声，缺乏最基本的尊重。

中国人讲究尊敬和敬重，不仅是对国内人民尊重，而且对国外人民也尊重。习近平主席倡导的是共建一个创新包容的开放型世界经济体系。在这种体系中，每个参与进来的国家和地区都能得到同等的尊重，不论是南半球还是北半球，不论是东半球还是西半球。中国秉承尊敬的原则，不断推动多边贸易发展，推动发展自由贸易，而不是鼓吹贸易保护主义、单边主义。

经济全球化是不可逆转的历史趋势，是全球化的平台让更多国家能够平等参与国际事务。而以互相尊敬为原则的开放合作是增强国际经贸活力的重要动力，是推动世界经济稳定复苏的现实要求，是促进人类社会不断进步的时代要求。

在当今时代，面对世界经济格局的深刻变化，各个国家应该手拉手一起建设一个更加美好，更加有人情味的世界，而非尔虞我诈，互相仇视。各国应该坚持开放融通，拓展互利合作空间。是开放带来进步，带来新鲜思想和血液，国际贸易和投资等经贸往来根植于各国优势互补、互通有无的需要。

中国有一句话说得好："一花独放不是春，百花齐放春满园。"

所谓百花齐放，就是互相尊重和欣赏彼此的美丽和优秀之处，而非互相拉踩，一定要争论高低。人类社会要持续进步，各国就应该坚持开放，拒绝封闭国门；坚持平等合作，拒绝对抗；坚持互利共赢，拒绝独占。

在经济全球化深入发展的今天，弱肉强食、赢者通吃是越走越窄的死胡同。

正如习近平主席所讲，各国应该超越差异和分歧，发挥各自优势，推动包容发展，携手面对全人类共同面临的风险和挑战。面对当今席卷全球的新冠肺炎疫情，各个国家应该互相帮助，互相尊重，交流和分享抗疫经验，而非发布虚假信息，或抨击他国的抗疫举措，这些无助于尽快结束疫情。

第二部分
人

THE WAY CHINA
GETS ALONG WITH THE WORLD
FROM
THE PERSPECTIVE OF
CHINESE KUNGFU

当开始练武时，我们要思考一个最基本的问题，那就是：我们为什么要练武？

首先，要明确一点，练武不是为了打人，也不是为了欺负人。

仔细想想，国际上知名的武术大师，他们练武是为了挑起争端吗？是为了达到赢过天下人、打遍天下无敌手的目的而练武的吗？

并不是。其实，通过一些流行的古装武侠电视剧，人们不难发现，少林寺高僧都深谙做人的智慧，他们尽管武功深厚，但是不轻易示人，更不会随便挑起祸端、惹是生非。他们的一言一行诠释着什么是和谐，什么是平衡、中庸。你会发现那些江湖上的跳梁小丑，有点功夫在身，总想着打倒别人，他们实则用错了功夫，并没有领悟到什么是练武的初心。

我们要知道，防身是至关重要的，所有的武术技巧和方法都是为了防身，为了保护自己和身边的人。更重要的，也是为了修身养性，绝不是惹是生非。

练武的时候，我们要保持身体平稳，所有的发力从身体中心开始，要走中路，不要偏离，拒绝边缘。中路才是正路。与此同时，我们要协调自己的身体，找到和谐和平衡。

社会和自然都需要和谐。比如，地球母亲给予我们的资源，我们不能过分索取和使用，要掌握社会与自然的平衡关系，走生态文明和谐发展之路。中国大力倡导"共谋绿色生活，共建美丽家园"。大自然原本是非常和谐、美丽动人的。鸟语花香，桃花流水，斜风细雨，暗香疏影，都是属于大自然的独特魅力。自古以来，无数诗人歌颂过春夏秋冬的风光。我在北京的胡同里，从冰封的萧瑟，到融化的火热，感受着北京这座城市的美。

曾几何时，当雾霾来袭，人们的视线被污染物颗粒遮挡，甚至只能看到前方雾茫茫一片中隐约闪烁着红灯。呼吸道有异物感，越来越多的人感到身体不适。慢慢地，中国人意识到了建设生态文明，保护环境的重要性。北京的空气也随之改善，逐渐"守得云开见月明"。

我们练习中国武术，是为了提高自己的功夫水平，发挥身体和头脑的灵活性，探索身体的无限可能，并且把武术精神带到日常生活中。这样一来，一旦遇到困难，我们能够做到及时调整，更有效率地齐家、治国、平天下。

和

太极拳教我们与自然和谐相处，将身心同步成自然的流动。我跋山涉水，探访了太极之源陈家沟。中国文化的一项重要原则是要理解人只是自然的一部分，而非西方文化所教导的征服自然。除却物质文明和精神文明，中国现在也有了生态文明。

易

八卦掌是一种基于《易经》的武术。《易经》和八卦有助于我们了解普遍的变化现象。宇宙中唯一不变的是"一切总是不断变化"这一事实。因此，通过八卦掌，我们可以理解拥抱变化的重要意义，并成为变化的一部分，而不是抵抗变化。这教会了我们灵活性和响应能力，而不是阻力。

平

形意拳是一种功夫流派，融合了传统的五个元素：金、木、水、火、土。这些要素相互中和，发挥积极作用。这五个要素对于理解中药也至关重要，中药旨在通过体内元素的平衡来预防疾病。五套形意拳分别对应一个不同的元素以及身体的不同部位。因此，通过练习这项武术，人们可以重新达到平衡。平衡是中国文化的一个重要方面，中国文化强调不走极端，在各行各业中寻求平衡。

中

咏春拳是一种侧重于中线理论的武术，从中我们了解到中庸的重要性，以避免陷入极端。中庸是中国传统文化的重要特征。我们要找到平衡和居中，绝不能走向极端。

第五章　和

阴阳和而万物得。

——《礼记·郊特牲》

《周易·咸卦·象传》曰："天地感而万物化生，圣人感人心而天下和平。"

"和"在中国文化价值观里有着非常重要的意义。和——温和柔顺、和睦融洽、阴阳调和、和谐适中。

中国功夫作为中国文化的一部分，也讲究调节内外，天人合一，不管是练太极、气功，还是八卦掌，练功者都要从始至终尊重自然。中国文化注重人与自然和谐相处，蕴含着丰富的哲学思想。中国人想要培养自己对社会、对自然和谐的一种状态。他们认为，要调节自身内外的和谐，社会整个大环境才可能和谐有序、和平共融，才能避免冲突，避免问题产生。

　　保持身心和谐发展是练习中国功夫的重要基础。

　　为了进一步了解和谐的内涵，我们一定要去欣赏和挖掘中国的太极文化。作为中国道家文化史上的一个重要概念，太极教我们与自然和谐相处，教我们身心同步、自然流动。太极拳这个中国传统拳术，便脱胎于道家哲学的太极、阴阳辩证理论，讲究内外兼修、刚柔相济。太极拳在中国的群众基础广泛，各门各派百花齐放，直到今日仍然有着旺盛的生命力。

　　关于太极拳的起源，中国民间有很多不同的说法，流传着大大小小的轶事——武当山、峨眉山、陈家沟等。我在这里并非想要争论哪个地方才是太极拳真正的起源，而是想根据太极的传奇故事、太极拳的流派招式，揭示其中蕴含的和谐共生之理念。

　　于是，通过太极老师赵文耕的指点，我先是来到位于河南省的陈家沟，找到陈正雷老师。他是陈氏太极（太极拳五个主要流派之一）的传承人。我从他口中了解了"和"的意义。之后我又踏上了去往具有悠久道教文化历史的湖北武当山的路途，在那里，我看到道教大师把自然融入自己生命中的和谐图景。

我想，中国文化的一个重要原则，就是懂得人类只是大自然的组成部分，而不是像西方文化所倡导的企图征服和占领大自然。继物质文明和精神文明之后，中国开始大力提升生态文明水平。

寻访太极——陈家沟

功夫通常分为外功和内功，或者硬功和软功。事实上，每个武术家都要学习这两者，它们都和阴阳有关，实际上是不可分割的。太极拳是最出名的软功拳种，所以我开始去寻访太极。

太极软功非常适宜老年人进行日常锻炼。在北京的各大公园，我们都能看到老年人练习太极的身影。曾经，许多每天出入写字楼的年轻人以为功夫离自己非常遥远，离自己所处的现代化大都市非常遥远。实则不然。

太极就在我们身边；中国的这些优秀文化传统，就在人们的身边。

当你走进北京的公园，绕进树木遮掩的小路，你会发现隔开一段距离，就有一位练习太极招式的老大爷。他们每个人都相当专注，不会过多在意路人的眼光。即使一旁有好奇的年轻人围观，他们也丝毫不受影响。微风吹拂着大树，抚过一片草地，草坪上有一位悠悠然练拳的老大爷，这就是天地人和谐一体的图景。那一瞬间，仿佛天地间都安静了，只有太极的招式，在随风而动，似影又似风。

我被这样和谐的画面打动，决心寻找太极。我想找到太极和书法老师赵文耕，他家在北京的胡同里，但是北京的胡同弯弯绕绕，不熟悉的人会十分迷惑。我在胡同里左拐右拐，胡同好像一直也看不到尽头。我只好询问了胡同里的几位住户，她们热心地给我指引道路。

最后，我终于找到了赵文耕老师的家，他家的大门上贴着红色的对联，跟周围的邻居别无二致。我敲了敲大门，门开了，终于见到了他。互相致敬、寒暄了一番后，他带我走进屋里。我去的时候赵文耕老师刚好在写字，写的正好是太极的内容——《太极拳论》。原文内容如下——

太极者，无极而生，动静之机，阴阳之母也。动之则分，静之则合。无过不及，随曲就伸。人刚我柔谓之走，我顺人背谓之粘。动急则急应，动缓则缓随。虽变化万端，而理唯一贯。由著熟而渐悟懂劲，由懂劲而阶及神明。然非用力之久，不能豁然贯通焉。

虚领顶劲，气沉丹田，不偏不倚，忽隐忽现。左重则左虚，右重则右杳。仰之则弥高，俯之则弥深。进之则愈长，退之则愈促。一羽不能加，蝇虫不能落。人不知我，我独知人。英雄所向无敌，盖皆由此而及也！

斯技旁门甚多，虽势有区别，概不外"壮欺弱""慢让快"耳，有力打无力，手慢让手快，是皆先天自然之能，非关学力而有为也。察"四两拨千斤"之句，显非力胜！观耄耋能御众之形，快何能为？

立如枰準，活似车轮，偏沉则随，双重则滞。每见数年纯功不能运化者，皆自为人制，双重之病未悟耳。欲避此病，须知阴阳。粘即是走，走即是粘。阳不离阴，阴不离阳，阴阳相济，方为懂劲。懂劲后愈练愈精，默识揣摩，渐至从心所欲。

本是舍己从人，多误舍近求远。所谓差之毫厘，谬之千里，学者不可不详辨焉！是为论。

赵文耕老师告诉我，打太极拳，要先弄明白它的理论，然后再与自己的拳结合。打拳的时候心里要想着这个理论，这样的话，就做到了"理明拳明"，不明理就不明拳。

太极拳并非只有外在的招式动作，如果你挖掘它的核心，会发现它是有思想体系的，并且跟中国的传统哲学是相通的。

赵文耕老师以《太极拳论》中的一句话给我举了例子——"太极者，无极而生，动静之机，阴阳之母也"。这是整个《太极拳论》中纲领性的一句话。古时候的中国人以"太极"作为拳的名称，实际上就是把阴阳对立、辩证统一的哲学思想应用到拳术中。

赵文耕老师接着说："这一趟拳打下来是83个动作，叫一路八十三式传统套路，我们是从陈长兴一直传承至今。

陈长兴就是传给杨露禅太极拳的那个人，我们就是从陈长兴那一支一直传到今天，未曾中断，所以我们打的这套拳就叫传统陈氏太极拳。"

我问赵文耕老师，如果要寻找太极，是不是必须去陈家沟。他笑着点了点头。

据中国民间传说，陈家沟是太极拳的发源地。陈氏太极拳独创了一套协调统一的慢动作系统，发展出以神经动力学为基础的武术训练技巧，并以阴阳辩证理念为其核心思想，讲究刚柔并济。传说在陈氏太极拳的基础上，逐渐演变出众多太极拳流派，如杨氏太极拳、吴氏太极拳和孙氏太极拳，并传播到全国各地。

研习中国功夫，有助于理解中国的整个文化体系。中国功夫包含的训练技巧，不管是在身体、思想还是精神层面，都蕴含着深刻的哲学和文化传统，包括传统医学、艺术、冥想、书法、音乐和茶道在内，它们的特征都在太极这个武术流派中得到了充分体现。

于是，我来到了陈家沟。令我惊喜的是，陈家沟并非只存在于民间的传说中，并非在历史长河中逐渐消逝隐匿，而是流传至今，传人越来越多，陈氏太极拳的后代传人甚至开办了陈家沟太极功夫学校。

在沟渠的两旁，几乎站满了练习太极拳的人，他们中有上了岁数的人，也不乏中青年一代，甚至有很多小朋友。很多小朋友在这么小的年纪就开始学习太极拳，并且动作流畅有力，脚法扎实，颇有大师之风。他们有的在无人处独自练习，也有的两人成伙，结伴练习。

看到我走近，其中一个练习者笑着冲我点点头，并且迅速跟我结成一组，一起练习太极。

陈家沟太极拳学校校长陈小星带我参观他的学校，并且告诉我陈氏太极拳的主要特征就是刚柔互济，快慢相接。别的拳种有些技法传几代就失传了，但是陈家沟一代一代都把最初的东西继承下来了，并且发扬光大，创办了功夫学校。

陈氏太极第十一代传人、中国"十大武术名师"之一陈正雷向我讲述了杨露禅学拳的故事，他说："我们那时候（陈家）的家规就叫传男不传女、传内不传外。杨露禅来到这个家里做事，他当时是没有资格来学习（拳法）的，他就帮助大家打扫卫生、提茶倒水，帮助搬搬器械。为了学拳，他扒墙头偷偷地看。你想这种心态下，他肯定很用心的。杨露禅偷拳的故事就是这样来的。"

"两年后，一次偶然的机会让杨露禅得偿所愿。一天，陈长兴发现在后花园里有人练拳，于是走向前去。这时杨露禅一看是老师来了，赶快给他跪下，请求拜陈长兴为师。陈长兴说，我们有家规，不能收你为弟子。杨露禅当时干活的人家的主人叫陈德瑚，非常欣赏他，就给他想了个办法，收杨露禅为干儿子，叫义子，这样杨露禅也算是陈家的人了。从此，杨露禅正式开始跟陈长兴学拳。十八年后，他的武艺学成了。杨露禅回到家乡后，经过他的同乡武禹襄的介绍，到了皇宫。杨露禅是第一次把陈家沟的民俗文化和家传技艺带到了京城，带去了皇宫，也为弘扬太极拳做出了一定的贡献。后来，太极拳又逐步形成了杨、武、吴、孙加上陈氏太极拳这五大流派。"

陈家沟的陈家还保持着多年以来的古朴质感，一砖一瓦，一树一木，都透露着古朴。屋舍没有改造成现代化的楼房，而是保留历史的韵味。陈家的传人们衣着朴素，处处彰显着太极拳的本质精神。陈正雷指着枝桠掩映的墙头，说那就是历史上杨露禅偷偷观摩学习太极拳的地方。我顺着他的目光望去，看着那处高高的墙头，仿佛透过光阴看到杨露禅躲藏的身影。

龙安志（左）和陈氏太极传承人陈正雷（右）、陈斌（中）

如今，人们广泛认可的太极流派多是从陈家沟发展而来。那么，这些流派有什么区别呢？各自有什么特征呢？

刘鸿池老师一边演练不同流派的招式，一边向我介绍了它们各自的精粹，他说："杨氏太极拳走的是磨盘劲，它就是外围走圆，走于磨盘。吴氏走的是绵软路子，身体往前倾。看上去身体是斜的，但实际是垂直的，所以它是锻炼人体的任脉、督脉一种非常好的方法。陈氏太极拳的特点、精华在哪？缠丝劲。你看它总是缠，缠，这是它的精华。那么孙氏呢？走的好像是直线，外直内圆。它是转着走的。孙氏太极拳有很多是45度角。这手不是正的，是45度角；肩膀，你看倾斜角，是45度角；胯是45度角；脚也是45度角；都是45度。"

"阴阳平衡最合理。"

我还找到了孙氏太极拳第三代传人、中国当代百位优秀武术家之一的孙婉容女士，她向我演示孙氏太极拳的动作："撤回来，这个角呈45度。从你的方向正视这个角。也就是，你的身体随着这个转动变成半面向的左转，一转动的时候就是由无极而形成太极了。"

太极拳：阴阳是和谐的标志

陈氏太极第十二代传人陈斌讲阴阳文化，他认为陈氏太极柔顺的动作里面藏着很多阴的一面。同样，太极拳中也有很多阳的要素。比如武装押运，那就是靠人们外在的阳刚。这种武功，就是武力的张扬，如此你才能很好地完成这个任务，所以又是阳的一面。太极拳也蕴藏着刚柔相济、阴阳互依互存的道理。

香港知名企业家霍震寰眼里的太极拳兜圈、转圈，就是阴阳的外在体现，"而且阴阳在不停变换"。

武术当中的所谓和谐，在陈氏太极拳第十二代传人杜德平看来，就是阴阳平衡，都是为了阴阳互补。

伊恩认为，太极拳的动作好似书法，但不是白纸黑字写出来的书法，而是能量流动的书法。如果人们能感受到这种能量，那么就会发现它的美感。太极拳有一种刚柔相济之美。"你可以将二者在不同层次和位置上结合起来。阴和阳代表着一切事物最基本的对立关系。"

少林寺的释永信大师说："中国人认识宇宙自然，尊重周边的万事万物。天人合一是中国人追求的最基本理念。"

天人合一——诸葛亮借东风

在我们谈论"和"的故事时,王楠向我讲述了诸葛亮借东风这一个历史上有名的"天人合一"的例子。

她说:"东汉末年,卓越的谋士诸葛亮以精通天象而闻名,他可以预测天气变化及其对战事的影响。在赤壁之战开始前,敌军将领曹操,听从谋士建议将战船连在一起,以方便运渡他的军队过河。孙刘联军想用火攻,但是风向一直不对。战前,诸葛亮举行了祭天仪式,成功招来东南风助阵,使得己方火攻之计大获成功。事实上,诸葛亮早就仔细观察过天气变化的种种征兆,算到了何时风向会变,'借'来东风助长火势烧毁曹操的船队。"

"和,即和谐,是指人与自然之间的融洽契合。在我心中,我所理解的'和'是万事万物都源于一种和平、和谐。直到我们失去了那种和平宁静的感觉,我们流连忘返于身边的聒噪嘈杂,从而失去了内心的平静。因此,我们需要重新回到那种和谐的状态。"

这个故事提醒我们要找到和谐的平衡,融进自然的环境。

诸葛亮为什么能借东风？因为他知道什么是天人合一。借东风并非是呼风唤雨的超能力，而是他仔细观察自然变化的结果。与此相似，我看到道教修行者在大山里练习太极，因为如此一来，更能贴近自然，感受大自然的灵性，让自身更加敏锐。

有一天，我和玖玛资本董事长、投资银行家张谨谈到"和"的意义，他有感而发："和，也是回响与和谐之音的意思。汉字的'和'是由一个'口'和庄稼的'禾'构成的，这代表什么意思呢？'和'实际是指在收获庄稼时，人们在一旁唱歌。由此，你可以从中感受到一种和谐以及庆祝丰收的意味。如果没有和谐，就不会有庆祝。和谐的'和'是在这个国家中维持社会结构稳定的最重要的元素之一。当这个社会发展起来时，和谐才能繁荣昌盛。若一个社群是和平的，那么它也应当是和谐的。当一个家庭追求爱与和谐，它就要讲'和'。"

和的概念，在当下对国际关系来说也非常重要。对此，北京外国语大学教授大卫·巴拓识娓娓道来。他认为在此背景之下，和谐的思想是指人们求同存异，唱着不同的曲调也能互利共赢。将不同的旋律和谐地安置到一个曲子中是一个重要的方面，这是人们能真正从源远流长的华夏文明中学习到的东西。

蒋师莫总结道："和是和谐、协调、平衡之意。在我们传统美德当中有很多讲'家和万事兴'，讲'以和为贵'，包括我们习武，也是讲的'和'，'止戈为武'也是讲的一个'和'字。"

和谐仁善——七擒孟获

懂得和谐之人，自然懂得什么是仁慈、仁善。在和谐的环境里，人们自然是有善意的，是善良宽厚的，是慈悲的。

王楠说："三国时期，刘备驾崩以后，大量蜀国所属部族叛变。卓越的谋士诸葛亮此时仍任职蜀国丞相，为了镇压叛乱，诸葛亮七次击败并擒获部落首领孟获。每次擒获孟获后，诸葛亮都释放他，然后又将他擒获。如此直到第七次，正当诸葛亮准备再次释放孟获之时，孟获为诸葛亮的仁善所折服，决定向诸葛亮投诚并发下誓言，从此效忠蜀国，不再叛乱，并规劝其他叛乱部族归顺蜀国。"

"仁，即仁慈，强调仁厚与慈悲的强大说服力。仁慈，我认为是人性中极美的一部分。仁慈是我们对他人的事感同身受，进而注意到生而为人的相似之处，而不是只注意到人与人之间的不同之处。去找共同点，进而去理解他人，并把你的爱传递给他，无论传递给动物还是人类。在我看来这样的行为是美极了的。"

邹悦说："仁，即仁慈，是在当今世界中一个仍然十分重要的社会价值观。无论是在国内关系还是国际关系中，我想人民都希望执政者可以仁善一些。而这也是他们如此关注社会和谐、社会秩序以及生态平衡的原因。同时，也是中国推进各种此类议程的原因，例如生态环境保护、气候变化政策等议程。"

仁，在巴拓识眼中，是一个极其重要的词。仁，大概是中国传统思想中最重要的词之一。巴拓识希望将"仁"翻译为"人与人之间的善情"。这说明我们需要遵循"仁"

的理念，无论是人与动物间的关系，还是人与植物间的关系，甚至是人与地质结构之间的关系，都要遵循"仁"的理念。人们对动物、植物、地质结构都应该存有保护之心。而它们也将成为"仁"的一部分。其实从这个角度来看，"仁"是万物之源。

蒋师莫说："仁是宽厚，是善待他人。在我们习武过程中，也强调作为习武者，如果别人比你练得好，不能小肚鸡肠，更不能嫉羡、嫉妒别人，厌恶别人。"

和谐友爱——刘备携民渡江

在中国，人们讲究和谐相处、团结友爱。只有互相关爱，互相照顾，才能真正营造和谐的氛围。刘备携民渡江就是一个很好的例子。

王楠对我说："曹操打败刘备的军队，刘备不得不弃城而渡河撤退。战乱之下，许多原本是刘备子民的可怜老百姓将被抛下。事实上，受此影响的老百姓数量太多，刘备收到的各方意见都是要他抛下百姓，如此他的军队才能不受拖累从而尽快撤退。但是刘备坚决要带上所有的难民与他的军队一起撤离，因为这些都是效忠他的子民，而他也深爱着这些子民。"

"爱，即大爱，这是一种超越私欲和个人需求的宏观的爱。这是一种很深厚的情感，于我而言，如果你拥有爱，如果你热爱你所做的一切，这种爱将如催化剂一般激励你做你所爱之事。就算再累，你也能把事做成；就算被挑战到了极限，你也能把事做成。这不仅仅是一个目标了，不再是需要完成的一项工作，它变成了一种比你自己更重要的事。所以，这再次说明了，爱能激发你心中的热情，让你爆发出超乎你想象的力量。"

北京外国语大学教授大卫·巴拓识说："爱是一个非常核心的词，不仅存在于中国的思想和文化中。毋庸置疑的是，在全世界的各种文化思想中，爱都是一个核心的话题。但是在中国，这个话题是以儒家思想和其他传统思想哲学为根基。爱也是人类生命中的关怀与承载元素，因此形成一种全世界都适合的爱的方式是非常重要的，那会是一种对人类的大爱，也是对植物、动物等一切生命的大爱。我想这也是现代社会中我们需要无比重视发展的一个理念。从儒家传统思想中，我们开始理解到了家族亲人间的爱。"

中国的爱常以家庭为单位，它是一个融合的整体，甚至在两人之间的浪漫爱情中你也需要顾及两人生活中的每个人。在主持人、舞蹈演员于中美看来，这是一种在中国普遍的现象。

爱是讲爱你的父母，爱你的朋友，甚至可以是热爱大自然，热爱你的祖国，热爱一切。蒋师莫认为，当人们心中有爱的时候，也会心怀感恩，感恩世间万物，感恩所有的一切。

和平崛起

作为一个负责任的大国，中国奉行和平崛起理念。2003年，中国改革开放论坛理事长郑必坚在博鳌亚洲论坛上发表了一篇演讲，题为《中国和平崛起新道路和亚洲的未来》，首次提出"和平崛起"这个概念。而中国素来是一个爱好和平的国家，不论国家实力是否强盛，都在寻求跟周边国家以及全世界其他国家的和谐共处，共谋发展。

20世纪50年代，中国发表了著名的《和平共处五项原则》：

- 互相尊重主权和领土完整
- 互不侵犯
- 互不干涉内政
- 平等互利
- 和平共处

从1949年新中国成立至今，中国的经济迅猛发展，人民生活水平日渐提高，但是中国政府从未在国际社会中煽动好战和仇恨情绪。20世纪仅有的战争，也是面对别国挑衅，而不得已做出的保卫自己国家安全的行为。

从新中国成立后的一穷二白到如今的繁荣大国，中国的崛起从未建立在欺压、剥削别国的基础之上，其崛起是通过不断开放自己的大门，积极寻求多边合作，同世界交融取得的成果。

正如习近平主席于2018年在博鳌亚洲论坛年会开幕式上所说，"中国人民将继续与世界同行、为人类作出更大贡献，坚定不移走和平发展道路，积极发展全球伙伴关系，坚定支持多边主义，积极参与推动全球治理体系变革，构建新型国际关系，推动构建人类命运共同体"。

无论中国发展到什么程度，中国政府从不威胁别国，不干涉别国内政，坚持维护国际社会和平与稳定，推动经济全球化更高质量发展。对外开放是中国的基本国策，只有开放自己，寻求合作，互相学习，方能实现互利共赢。

"开放合作，命运与共"。

中国的"一带一路"倡议便是一个最好的例子。从根本上讲，正如"一带一路"的名称所说，它将几个文化、地理与历史情况差异巨大的大洲联系在一起。尽管历史上这些大洲之间冲突不断，接连产生摩擦，但是从未停止过贸易等交流往来。各个大洲的人民对其他国家的文化有着强烈的好奇心和浓厚的兴趣。然而，并没有哪个国家成功地挺身而出，把这些地方的人民联系在一起。

虽然面对国际社会诸多动荡的因素干扰，但是中国仍然怀揣着互敬互爱的美好初衷，团结各国，努力营造和谐友爱的国际环境。

第六章 易

王者乘时，圣人乘易。

——《管子》

练习中国功夫的过程中，我见识了很多功夫的套路、招数。这些招数教我如何移动，如何调整位置。比如，在打斗的过程中，对方经常会改变方向，那么我们该如何应对呢？

了解八卦是最好的方法。

八卦掌让我了解变化，从而调节自己身体的动作，再针对变化作出反应。根据八卦的运转，一边打，一边转，随时调整，就像宇宙中星球的运转一般，是有科学规律的。

八卦，代表着四季和宇宙的变化，根据《易经》所说，可以变成 64 卦。整个八卦掌的各个动作是根据《易经》的相关理论，根据宇宙变化的规律，衍生出 64 个脚法，分为 8 套，每套包含 8 个动作。我由此想到李小龙，他其实并不希望教授人们功夫的固定套路，而是希望人们能够灵活反应，可以接住对方的招式，然后迅速出拳。这就是把变化的思想运用到功夫中。

我们要理解，所有的事情都在变化。

改革开放以来，中国社会飞速变化，日新月异，中华民族的面貌焕然一新，中国以崭新的姿态屹立于世界舞台。这其实是中国人碰到任何问题或者困难，都及时变通的成果。

中国的发展同样经历了诸多问题和困难，但是中国政府和人民在遇到问题的时候，能够积极转变思考方式，冷静作出应对，不断推动中国特色社会主义进入新时代。中国社会的主要矛盾已经转变为人民日益增长的美好生活需要和不平衡不充分的发展之间的矛盾。面对社会主要矛盾的变化，政府的工作就要站在崭新的台阶上，着眼未来，继续推动社会一步步向好的方向发展转变。

香港知名企业家霍震寰告诉我，武术跟儒释道，甚至中医、阴阳五行都有关系。武术招式背后作为支撑的是中国文化精华。他在经商之余，常常练习中国功夫。

功夫的核心理念对于经营生意十分有益。比如"易"的概念，就是告诉人们，要清楚市场是不断变化的，所以要准备好应对变化，并且预估将来有可能发生的变化。这也是很多商界、金融界成功人士喜爱中国功夫的重要原因。

八卦掌的核心就是变化。

为了了解"易"，了解变化的哲学，我踏上了探寻八卦掌的旅程。

八卦掌

八卦掌以《易经》中的八卦为理论基础。《易经》或八卦能够帮助我们了解世间普遍的变化现象。宇宙中唯一不变的就是万物总是在不断地变化。

通过八卦功夫的艺术，我们可以理解并拥抱变化，成为变化的一部分，而不是抗拒变化。这告诉我们要锻炼面对变化的灵活性和反应能力，消除变化产生的阻力。

国家级非物质文化遗产尹氏八卦掌嫡系传承人王尚智说："八卦掌是在清朝末年的时候出现的，比太极拳和形意拳都要晚，是基于几千年中国各拳种的精华创编而成，由董海川先生传到北京。"

"八卦掌是以易理为拳理，以阴阳变化为宗旨，通过走转的形式，进行掌法变换的一种拳术。"

八卦掌，又称游身八卦掌、八卦连环掌，是一种以掌法变换和行步走转为主的拳术，由于它运动时纵横交错，分为四正四隅八个方位，与《周易》八卦图中的卦象相似，故名八卦掌。[1]

尹氏八卦掌是董海川的大弟子尹福（河北冀县人）承师传所创立，技击招术中多穿掌，重腿法，发力刚柔并济，有独特的风格，后人称之为尹氏八卦掌。

---

[1] 引自《练习八卦掌需注意的若干问题》，发表于《中华武术》2014年第3期。

尹氏八卦掌传人王尚智

被八卦掌的魅力所吸引，我拜访了形意拳武术名家、北京武术理论文史研究会名誉会长王桐。

王桐老师非常耐心地告诉我，八卦掌发源在北京，"是根据中国的文化而发展出来，又根据中国文化逐渐总结完善。八卦掌的道理就是易变道理，这是《易经》的根本思想"。

"万物都在变，没有停的时候。"八卦掌是中国文化的结晶，随着中国文化的不断演变而发展出新。

王桐老师的院子里有许多人身着整齐的服装练习功夫。

这些都是他的弟子，他们的练习以八卦掌和形意拳为中心。王桐老师跟他的弟子现场演示八卦掌的几个动作给我看。之后，他带我参观了阴阳八卦图。八卦图似磨盘一样圆，上面有阴阳的图案，八卦绕在四周。他的两个弟子一人身着黑色，一人身着白色，围绕阴阳八卦图，以八卦掌的手势顺时针转圈练习，这是八卦掌的基础练习。

"混元一气走天涯，八卦真理是我家。招招不离脚变化，站住即为落地花。"八卦掌歌诀中这样说道。

"万物一切都在运动中变化，没有停止的变化。有的东西你看得到在变，有的看不到变化，但是也是在变。他们现在用的是推磨掌。八卦掌从传承来讲到现在已有二百年历史。他们现在练的是基础功。没有基础功，练其他都是白搭。通过这个练习，可以达到培养一个人正气的目的。"王桐老师这样向我解释。

王桐老师让他的弟子展示"八撞"给我看。

他说这其实是在练内功，因为"要找到人与人相撞时候的感觉，要在树上去体验，不要在人身上去体验。对于习武的人来说，树是死的，人是活的"。

他指着自己上半身贴合树干的部位给我看："我这个部位没有一个地方和树不挨着。因为如果有一点空隙，对方就会从你的空隙进行袭击。当然这一搭手叫做'轻搭手，偷进步'。"他把招式用到这名弟子身上，弟子随之倒了下去。但是，奇妙之处就在于，弟子的倒下并不是因为王桐老师用了多大的力量，他的手掌没有用力。

要想掌握八卦掌的这些技巧，需要长时间地练习。王桐老师告诉我，这个秘诀在于："手到脚到，脚到手到，手眼身法步一定要到位。如果手不到，眼不到，脚不到，练一辈子也是瞎胡闹。没有松就做不到巧。"

八卦掌的转运用在刀法上，就是刀的抹、盖。最后，王桐老师还让弟子给我展示了八卦掌的转——他拿着一把长刀先后作出抹、转、压、提、翻、杵、蹭几个动作，直到来人再挥刀直奔其喉咙而去。我这才理解到："（刀剑）围着人转。这个八卦掌讲刀在耍人，不是人在耍刀。武术，军事，就是变数，用中国的话说就是诡辩术。没有一定的规律，但是又不是没有规律。"

之后我又来到少林寺，释永信大师说："通过阴阳八卦图可以看到，它是黑中有白，白中有黑，从小到大，物极必反。这是中国阴阳五行的最基本概念。所以任何事情都不是绝对的。绝对的东西是不可能存在的。阴阳八卦是中华民族很早就发明的一个符号，一种理念，它早于道教几千年。道教是中国土生土长的宗教，道教用八卦用得多，儒家也在用，中国人都在用，现在全世界也都在用。计算机的原理也与这个黑白阴阳有很大的关系，它是人类发现宇宙规律的一个起源。"

中国与世界变局

新中国成立之初，民生凋敝，一穷二白，各方面的资源都处于稀缺状态，亟待工业化，发展生产力，制造出更多人民和国家所需的产品。

伴随全球化的深入发展，计划经济逐渐遇到了瓶颈。意识到国内环境和国际环境的变化之后，中国政府齐心协力冷静思考，果断实施改革开放政策，在社会主义制度中开先河地引入市场经济。

跟随变化做出调整，这是中国文化的思维方式。

中国特色社会主义进入新时代，这是中国发展新的历史方位，意味着新要求。自1978年改革开放以来，中国取得了很多重大成就，都为新时代奠定了坚实基础，是新时代的"根"。进入新的发展阶段后，中国人民需要随之作出改变，这就是习近平主席经常说的，全面把握中国特色社会主义进入新时代的新要求，新时代要有新气象，更要有新作为。

2020年是中国全面建成小康社会的决胜之年。中国政府坚持以人民为中心，继续进行具有很多新的历史特点的伟大斗争，不断开辟当代中国马克思主义、二十一世纪马克思主义新境界。习近平主席指出，科学社会主义也绝不是一成不变的教条，中国在自身发展中不断探索，只有把理论与本国国情相结合并且不断创新，不断总结新思路，才能把发展蓝图变成美好现实。理论的生命力在于不断创新，用鲜活丰富的当代中国实践来推动马克思主义发展，用宽广视野吸收人类创造的一切优秀文明成果，坚持在改革中守正出新、不断超越自己，在开放中博采众长、完善自己，形成全面开放新格局。

如今，世界形势愈加错综复杂，中国人民经历了很多自改革开放以来没有碰到过的新情况。比如国际金融危机深层次影响持续蔓延，世界经济复苏乏力，国际贸易低迷，贸易摩擦频发，保护主义开始抬头。中国国内经济下行压力不断加大，产能过剩矛盾更加突出，金融风险隐患增多。面对如此复杂的形势，中国人民开始思考经济发展的出路和未来。

面对复杂形势，中国的领导人头脑冷静，不消极回避，而是积极作出改变，引导中国经济发展取得历史性成就、发生历史性变革。中国政府提出了一系列新的理念和战略思想，比如坚持适应把握引领经济发展新常态。中国政府看到本国经济正处于增长速度换挡期、结构调整阵痛期、前期刺激政策消化期"三期叠加"的阶段，中国经济发展进入了新常态。这时候需要贯彻新的发展理念，推进供给侧结构改革，看清整体和长远经济趋势，把握经济规律。再比如坚持问题导向部署经济发展新战略。以疏解北京非首都功能为重点的京津冀协同发展战略，以共抓大保护、不搞大开发为原则的长江经济带发展战略，以促进合作共赢为落脚点的"一带一路"建设，都是中国应对发展新形势作出的改变。

作出改变，才能使中国经济持续健康发展。人民的需求不断升级变化，那么政府的政策也要随着做出改变。这就是"易"的智慧。

2020年，博鳌亚洲论坛年会主题定为"应对世界变局，携手共创未来"。2020年3月9日，论坛官网发出声明，考虑到新型冠状病毒肺炎疫情，本着安全负责的态度和精神，决定推迟举行2020年年会。随着全球疫情的扩散恶化，4月30日，论坛再一次公告，2020年不举行年会。

在此之前，被誉为"东方达沃斯"的博鳌亚洲论坛每年在中国的海南省举办。作为一年一度的经济会议，它与达沃斯世界经济论坛截然不同。后者虽然建立在推行经济全球化的原则之上，却已经逐渐变成西方商业利益和政治利益集团想要争取的平台。达沃斯制定一份年度议程，涵盖金融、商业、文化传媒等领域，盼望与会各国遵循这一份既定的议程安排。这种安排实则是在推行"华盛顿共识"。

以美国为代表的西方世界推出自己喜欢的范式，并希望世界上的其他国家遵守。

博鳌亚洲论坛的观点却不同于世界经济论坛。它想要为亚洲的商业和贸易打开大门，充分考虑到亚洲国家的发展利益和诉求。

2018年4月10日，习近平主席在博鳌亚洲论坛发表讲话，他问道："面对复杂变化的世界，人类社会向何处去？亚洲前途在哪里？"面对自己提出的问题，习近平主席又指出了一条明确的和平与发展的道路。他表示，这是世界各国人民的共同心声，零和博弈陈旧落伍，妄自尊大只能四处碰壁。

习近平主席呼吁继续"经济全球化"。博鳌亚洲论坛2018年讨论的"经济全球化"，是指全球融合——以交通运输和通信网络的基础设施应用，来解决经济发展的问题。

没有经济发展，便无法保证和平与繁荣。通过经济增长使人们摆脱贫困，通过经济赋权保护地方的独特性，从而带来区域长久稳定的安全发展。而通过交通运输和通信网络来延续经济融合是其中的关键点。

中国以自己的方式带领七亿多人摆脱贫困,走向可持续的绿色发展道路。这份宝贵的历史经验可以在博鳌亚洲论坛这样的地方与各国分享。但是其他国家不能生搬硬套中国方案——每个国家和地区都有适合自己的解决方案,它应该建立在当地的文化传统、地理风貌以及实际发展情况的基础上。习近平主席在博鳌论坛上的讲话也着重强调了分享而不强加的基本立场。

习近平主席强调的全球融合是具体问题具体分析,根据不同国家的情况而做出相应调整,给予每一个国家充分的发展空间,而非强加一套既定的法则与价值观念。

第七章　平

云行雨施，天下平也。

——《周易·乾》

中国功夫的传统观念认为，为了走上"中"的正道，身体必须保持平衡的状态。

根据中国传统中医药理论，如果我们感觉身体有哪里不舒服，那么原因可能不在身体外部，而是身体内的元素不平衡，失去了动态的稳定。因此，有了平，才能保证中。要走中路，中路走得稳，这个过程都需要平衡的参与，不管是日常生活，还是经济政治等问题，一旦脱离平衡，都会产生麻烦和问题。

所有中国功夫都讲究平，左右两只脚、两只手都要保持平稳、平衡。人的身体左边练什么，右边也要相对应地练。这象征着中国人练武之时，努力找到自己身体的平和、信念的平和，这种身体和思想上平和的状态使得人们与社会有着更平衡、和谐的关系，与生活在同一个社会中的他人有着良性的互动往来。

王桐说："平衡，不平衡，再平衡，所以它永远是变的。社会本身就是一个大的平衡。"同样地，霍震寰也感慨道："通过武术我们就看到，其实世界处在不停的变化中。"中国人追求的便是在变化多端的世界中保持自身的动态平衡，这不仅仅是为了自己，更是为了家国天下，正所谓"修身、齐家、治国、平天下"。

俄罗斯搏击冠军伊恩也对功夫的平衡一说非常有感悟，他对我说："平衡就是一切，意思就是，如果你失去平衡，你就输了。"伊恩向我展示了一些他平日练习的招式动作，有时候他会把腿抬到很高的位置，类似于金鸡独立的站位，但是身体却纹丝不动，保持着极好的平衡。

特洛伊·桑福德也说："所有功夫都讲究平衡，如果你有了基础和平衡，而你的对手没有，你的首要目标应该是打破对方的平衡。就是这样。"他带我观看他的同伴们练习功夫。练功的人两人一组结对，而攻击的重点就是破坏对方的平衡，一旦对方失去平衡，你就看到了胜利的曙光。

形意拳

　　形意拳是一种极其重视平衡的拳术。它是一种融合了金、木、水、火、土五大元素的中国功夫。金、木、水、火、土相互作用，五行理论说明世间万物的形成和相互关系。它对于理解通过人体内元素的再平衡来预防疾病的传统中医药理论也非常重要。

　　形意拳的基本功之一是五行拳，它的每一套拳术都分别对应着不同的元素和身体的不同部位。通过练习这种武术，你可以重新平衡自我，了解身体内金、木、水、火、土的关系。如果哪方面不对，就是不平，你就要重新找到平衡。

　　我们知道，平衡是中国文化的一个重要方面，遵循平的原则，我们做人做事就不会走极端。我看到中国人总是在工作与生活中寻求平衡。

正清馆馆长、中国青少年武道教育推动人郑文龙给我讲解形意拳时，说道："武术也能反映出人生，我们练武术也能反映出很多问题的本质。正像您说的，西方的文化注重的是零和博弈，而我们东方的文化注重的是和平、共融、和谐，这就叫阴阳。刚才说到了有一种平衡，它有一种和谐的美，而不是只能有我，或者只能有你。形意拳的原理就来自阴阳五行。阴阳五行也是所有中国文化的根。五行是相生相克，中国武术更注重的是个人的修为，一个真正的武者其实修炼的是自己的内心。形意拳的套路五行连环拳，就是把五个动作劈、崩、钻、炮、横都放到一套拳里面来练，这五个动作有自己的五行属性。这个五行在人体又对应着五脏。金生水，那么水呢？水生木，木生火，火生土，土生金，这是五行相生。相克是什么呢？金克木，木克土，土克水，水克火，火克金，这是五行相克。它是一个循环。中国文化一个很高的境界就是平衡、和谐与共融。一动一静也是一种平衡。其实太极里面有动，也有静。"

正清馆馆长郑文龙

  产生于20世纪的"零和博弈"理论，主张的是一种非合作精神。参与博弈的双方竞争残酷，一方若有收益，另一方必然受损。因此，双方的收益和损失加在一起的总和永远保持在零的状态。这种将一方的幸福建立在另一方的痛苦之上的理论，通俗点说，就是所谓的"损人利己"。

  然而进入新世纪以来，人们越来越意识到双赢的重要性和必要性。无止境的战争和日趋严重的资源破坏、环境污染警醒世人要及时跳出零和博弈的恶性循环。近年来，以中国为代表的一些国家开始广泛向国际社会寻求友好合作，他们试图给国际环境带来更多积极、光明的稳定因素，而非挑衅别国、激起怒火、企图引起战争。中国的领导人懂得平衡的道理，而这是根植在中国优秀传统文化中的底蕴。

中医与五行学说

为了深入了解阴阳五行平衡，更进一步了解中医理论，我特意请教了北京大学第三医院（简称北医三院）中医医师王春勇老师。我来到北医三院，观察中医医师如何给前来看病的人们针灸。

《素问·病能论》有言："有病颈痈者，或石治之，或针灸治之，而皆已。"

外国人可能一时无法理解，为什么针具按照一定的角度刺入患者体内，再辅助针刺手法，可以达到治疗疾病的效果。因为从西医的角度看，针通常来说是用作缝合等操作的，针本身不是药品，不能治疗疾病。但是中医理论告诉我，人体有数百个穴位，其中较为家喻户晓的有涌泉穴、太阳穴、百会穴、风池穴、肩井穴、足三里穴等。

人们看武侠小说和影视剧，经常能看到这样的场景——一枚暗器正中敌方的某个穴位后，敌方便应声倒下。你可能认为这是文学和影视创作的需要，但实际上它背后有一套成体系的、源远流长的传统中医理论作为支撑。

王春勇告诉我，五行是无形的。中医看人，看的是整个人的一个动态平衡。中医的着眼点不在于你局部的一个点，比如你的身体某处出现问题，而是要综合看待患处的一个整体的状态。中医把万事万物，把人、自然，包括我们的饮食、人体的五脏都联系起来，而这种关联是动态平衡的。

心对应火，肝对应木，脾对应土，肺对应金，肾对应水，这是五脏与五行的关系。

胆对应木，小肠对应火，胃对应土，大肠对应金，膀胱对应水，这是六腑与五行的关系。

从一个对东方文化、对中国传统文化没有过多了解的西方人的视角来看，东方的这些古老学说的确富有神秘感，这也许就是很多西方人想到东方就同时联想到神秘的原因之一吧。

要特别注意的是，上文我们提到的五脏是一个功能概念，而不仅仅局限于解剖学意义上的五脏器官。王春勇告诉我，在中医理论看来，人是一个动态的系统，人们就必须保持人体的各个系统能有一个稳定的动态平衡。如此一来，气血平衡，人就不会生病。

在中医方面也颇有独到研究的洪拳传承人、中医药医师赵国基告诉我说："人的呼吸一旦浅短，（这样血液中的）氧气一定少，血气流动就一定小。"根据他的从医经验，很多年轻人的手掌是有冷气的，是湿冷的，脉搏跳动不是很有力。他说，因为很多年轻人的颈椎曲度直了，腰椎曲度也直了，所以他们的平衡力、专注力、集中精神的能力较差，整个人变得非常僵硬。我非常赞同他所说的——读书好的人多会保持一定的运动量，他的记忆能力比起那些（不运动的）人好很多。

要想维持人体的动态平衡，就要在平日辛劳工作或者学习的空闲进行运动。适当的活动，可以让整个人鲜活起来，脉搏跳动会更加有力，手掌也会更有温度，而非整日待在空调屋里、坐在电脑前的冰凉。正如赵国基所说，关键在于平衡整个人。

我跟着赵国基一起练习呼吸，洪拳有非常独特的动作和方法，颇为有趣。在他小小的屋子里，挂着"侠骨仁心，弘扬国粹"八个大字，现代化的空调和证书也不妨碍我感受那里的古色古香，感受他身上传递出的鲜活能量。赵国基非常热情地帮我拔罐、推拿，我瞬间感觉浑身的经络通畅了许多，有一种柳暗花明的感觉。

后来，我继续跟着刘鸿池老师练功。在小小的四合院里，他身着水蓝色的服装，做着云手等动作。从外表看上去，他的动作非常缓慢。外行可能觉得，这就是一个上了年纪的老爷爷在养生，他做得多慢啊，好像已经到了无法做激烈运动、快速运动的年纪了。

实则不然。

正如刘鸿池老师所说，中国功夫是把养生和技法结合在一起。锻炼是养生的属性。练精气神，练力，练气，把整个人全身上下的经络打通，这是养生。但是仅限于此吗？并不是，刘鸿池的这些功夫动作不但能养生，还是技击，他的一招一式中暗藏着内力，能轻易地把我推倒在地，不输20岁的年轻人。"中国武术是养生和技击用法合而为一的，是不分家的。"

刘鸿池的动作看起来舒缓，实际上颇具攻击力，不能仅仅从外表判断。看上去80岁外表的他，内力如潭水一样深厚。正如少林寺大师一样，他们不会轻易炫耀自己的功夫和内力，而是在内力上不断修炼，不断积聚。

晋代王康琚所著《反招隐诗》中说道："小隐隐陵薮，大隐隐朝市。"

这便是中国功夫大师们的境界——卧虎藏龙，隐于胡同。

中医走向世界——平衡机遇与风险

现如今，中医正在从中国走向全世界。中医是中国浩瀚五千年文明的重要组成部分，在临床诊疗和科研药学方面都具有古老而弥新的价值。中医的核心理念之一——防病重于治病在人群中得到广泛认同。中国人经常讲的一个成语"趋利避害",放在公共卫生领域,就是说要懂得如何预防疾病。

《礼记·礼运》有云:"昔者……未有火化,食草木之实,鸟兽之肉,饮其血,茹其毛",但是聪明的古人逐渐学会了钻木取火,"燧人始钻木取火,炮生为熟,令人无腹疾,有异于禽兽"。吃熟食,而非生吃,能够大大减少肠胃疾病的发生。

《淮南子》讲道:"良医者,常治无病之病,故无病;圣人者,常治无患之患,故无患也。"中国人重视疾病预防的思想由来已久。若想身体健康不生病,预防才是最关键的一步。因为预防是日积月累形成的良好习惯,不是一日速成"金刚不坏之身"。

在今日的中国,传统中医药仍然发挥着不可小视的作用。在抗击新冠肺炎疫情中,中医药广泛且积极介入治疗,为救治患者发挥了不可小觑的作用。中央疫情防控指导组专家张伯礼院士也指出了中医药在抗击新冠肺炎疫情中的巨大贡献，他认为中医药的临床疗效显著，帮助有效降低新冠肺炎患者的转重率、死亡率，提高了治愈率，并且能够加快患者的康复。

在"2020北京健康大会·医生云论坛"上，众位院士和专家探讨了中医药如何防治新冠肺炎等问题。钟南山也指出，连花清瘟复方里有麻杏石甘汤、银翘散、红景天，治疗新冠肺炎的论文被国际上权威杂志认可。目前临床实践表明，中医药是客观有效的，未来要让国内广大西医同行"服气"、让国际同行认可，必须要用现代化的医学研究手段来诠释中医药。[①]

尽管疗效显著，但在经济全球化高速发展的今天，传统中医面临着被逐渐西化的风险。值此之际，"一带一路"倡议为中医提供了一个新的机遇，使得中医能够在全球范围内打响知名度、确立新地位。

实际上，中医在亚洲有深远的历史和广泛的群众基础。诸如印度的阿育吠陀疗法、不丹的传统医学等，皆是与中

---

① 引自新华网、环球网。

医同源的医疗体系。

在西方，草药能够治病救人的理念还停留在传说、神话的阶段。物美价廉、脱胎于大自然的传统中医确是一个巨大的宝藏，它为老百姓提供了在昂贵的西医治疗之外的、普通人能够负担得起的选择。中医不仅有着深厚的历史文化传统，还提供了一个全方位增强人民体质、提高人民生活质量的保健方案。

北京同仁堂（集团）有限责任公司是中药行业的著名老字号，在北京几乎家喻户晓，非常受人尊敬。同仁堂始建于1669年，从一家普通的药铺，逐渐发展成在五大洲28个国家和地区设立服务终端的连锁集团。在世界范围内，各具特色的中医院落地开花。

虽然助推中医药走向世界的过程充满了全新的机遇，但是也面临着许多潜在的不稳定因素。尽管"一带一路"沿线的新兴市场蕴藏着巨大的潜力，但是劳动力、生产和房地产成本增加也相应地带来了风险。

一个项目遇到任何一种风险后，发展受到阻碍，都会引发一系列的问题。因此，要秉承平的原则，平衡各方面的风险和机遇。针对"一带一路"沿线各国在政治、经济、地理、文化传统情况上的不同,中国会在构建经济全球化框架下具体问题具体分析,因地制宜,而不是把不同国家的情况混为一谈。由此,构建一个多维度的、平衡发展的"一带一路"实践。

联刘抗曹

中国人历来重视平衡,历史上也流传着很多相关的传奇故事,联刘抗曹就是其中之一。从"联""抗"不难看出,孙权和刘备相对弱小,无法与雄踞一方、势如破竹的强大曹军抗衡。虽然在刘备败走当阳之际,孙权可以选择无视刘备的求救,但如此一来,东吴会面临着唇亡齿寒的危险。

因此,最终孙权选择联刘抗曹,与刘备结盟,平衡三方势力,进一步确立了历史上三国鼎立、三分天下的局面。

王楠详细地讲述了东汉末年联刘抗曹的故事。王楠眼中的平,意味着平衡、均衡、平稳、公平和平整。

平,即平衡,就是指寻求一种稳定和均衡。平衡是不可或缺的。于她而言，这种和谐是一种中庸之道。它均衡而明晰，意味着事物在正确的轨迹运行。

巴拓识也认为平是中国文化里一个非常重要的词。他说："因为它与和平有关，有时也被译作和平。天下平即指天下和平，也就是世间万物达到平衡。同时它也告诉了我们，和平原本是指什么。和平是一种平衡的状态。和平是一种没有暴力的状态。它是一种没有战争、没有冲突的状态。对立双方处于完美的平衡。我想，这大概就是生命最初的状态吧。所有生态系统，所有的天体运行，万有引力及其所衍生的现象，它们都保持着完美的平衡。"

邹悦认为，平衡的"平"是中国传统价值观中最重要的一个衡量，在中国没有人想走上两边的极端。万事均要适量。你不会想去追逐极端的一边，或在某方面钻牛角尖。中国的体系是想要维持这种微妙的平衡，无论是处理社会问题还是处理环境问题，无论是处理政治问题还是处理经济问题。例如，中国政府对中国的宏观经济运行应该干预多少，又应该让市场自由发展多少。在哪里划定界限呢？这就应该有一种平衡。

蒋师莫最后跟我总结道:"平是和平、太平,有公平、公正、和谐之意。"

生态文明与五行动态平衡

生态文明的政策结构就很好地体现了金木水火土的平衡。改革开放 40 余年来,中国的经济社会飞速发展,如一条巨龙在东方腾飞,举世瞩目,但发展也带来了生态环境问题。

中国发展伴随的自然平衡、环境保护问题已经进入公众视线,九年义务教育的课程中也广泛涉及环保教育。最近几年,随着生态文明政策的发布和实行,作为一个生活在北京的外国人,我切身感受到了这座城市的环境变化——从不平衡到平衡的积极转变。

多年前,雾霾成为北京最受关注,也是最为棘手的环境问题。我仍然记得,那个时候走在北京的路上,经常无法看到远方的清晰景象;抬头看去是朦胧的一片灰霾,如果不佩戴防 PM2.5 口罩会感到呼吸受阻,因为污染的空气中含有大量颗粒物。这些细颗粒物本身是污染物,而且是重金属、多环芳烃等有毒物质、污染物的载体,如果长时间大量吸入,不仅会危及人们的呼吸系统,影响肺部功能正常工作,而且对人体的眼睛、鼻腔和皮肤都有损伤。

雾霾,是自然环境和经济发展失去平衡的反映之一。越来越多的中国人意识到发展不平衡的严重后果,于是他们积极寻求转变发展方式,还原自然生态的平衡,实现可持续的绿色发展。

中国政府和中国的民众皆有决心打赢污染防治攻坚战。中国政府不仅仅是要解决京津冀的污染问题,而且关注全国范围内的生态破坏和污染问题。为了人与自然的平衡与和谐,中国政府不断加强生态文明建设,把节约资源和保护环境确立为基本国策,把可持续发展确立为国家战略;加快构建生态文明体系,全面推动绿色平衡发展。绿色、平衡的发展方式是中国新发展理念的重要组成部分,它与创新发展、协调发展、开放发展、共享发展的理念相辅相成。绿色发展使资源、生产、消费等要素相匹配相适应,平衡各个要素和生产环节。

正如其他的中国特色发展路线和政策一样,"生态文明"也是中国独特的可持续发展概念。中国哲学的核心概念——五行学说,金、木、水、火、土五大核心元素之间的动态平衡可以很好地阐释生态文明理念。五行原则可以说是生态文明的政策矩阵。

金

改革开放之后,中国的制造业飞速发展,工业产值不断提升。在蓬勃发展之际,有些地方官员一味追求GDP,一味追求发展的高速度,而严重忽视了环境问题。有些工业、化工企业为了赚取更多利润,建设更多厂房,不惜破坏当地生态环境,例如将不达标的污水随意排放入河道。这些都是不符合环境保护原则的行为。

日积月累,水滴石穿。随着制造业的规模不断扩大,中国的环境问题日趋严重。老百姓也逐渐意识到保护环境的急迫性。一时间,人们开始广泛讨论高速发展和生态保护之间矛盾的问题。按照以往的说法,产业规模有限，意味着能够提供的就业岗位亦有限，失业人口是一大不稳定因素，会引发社会动荡不安。而进入新时代之后，环境污染问题和公共卫生问题成为可能导致社会不稳定的因素。

那么中国做出了哪些反思呢？

重新考量 GDP。国民生产总值是西方广泛认定的衡量国家发展的标准，GDP 的高速增长意味着一个经济体在向好发展，但并不证明这个经济体能够一直向好、可持续发展。GDP 高，不与经济健康划等号。

GDP 不能作为衡量经济健康与否的唯一标准。中国需要根据自身的特点和国情来衡量自己的发展。中国在制定衡量经济社会发展水平的标准时可以参考联合国人类发展指数，以"GDP+"为标准，也就是"GDP+ 环境 + 医疗保障 + 社会福利"。与此同时，在政府官员的晋升问题上，不应该仅仅参考 GDP 的增长，也要考核环境和医疗保障水平的提高。政府鼓励发展清洁能源，深化科技体制改革，推动绿色化创新转型，亦能提供更多且更高质量的就业岗位，改善过去传统的工厂环境。

"金"意味着改变衡量标准，营造一个持续向好的健康经济，而非仅仅把目光局限于经济增长速度。

木

春，属木。

遵循木的可持续发展原则，保护不应该被开发的保护区，包括河流系统和海岸线。此外，政府对环境的监管措施应该协调统一。生态环境部、水利部和国家发改委等有关部门可以调集人员组成一个具有协调权力的机构，集中对其他部门进行监管，同时制定可执行的标准。以前的环保部门权力有限，无法在环境保护问题上给其他部门提供指导，为他们制定对应的环保标准，更谈不上对其进行监管，因此亟需成立一个专门的环境保护委员会，使得它在权力范围之内可以在环保问题上协助其他部门，提供专业意见。2019年7月18日，国家生态环境保护专家委员会在北京成立，生态环境部部长李干杰任主任。国家生态环境保护专家委员会的职责是，做助力生态文明建设、推动生态环境保护事业发展的"智囊团",服务大局、建言献策,在生态环境重大问题和重要决策上做好论证把关;做推进战略性、全局性研究的"领头雁",充分发挥委员的专业优势,积极主动参与面向美丽中国的中长期生态环境保护战略、"十四五"时期生态环境保护思路及重点举措等研究;做反映基层情况、构建社会行动体系的"观察员",不定期就生态环境保护热点、难点和重点问题深入基层开展专题调研,在评议论证和建言献策中充分反映基层实际情况,推动全社会共同参与生态环境保护;做实现交叉学科交流、跨领域创新的"融合剂",充分发挥委员决策信息来源和通道作用,实现各领域思想碰撞、交流共享,提出前瞻性、宏观性、理论性较强的生态环境保护思路、观点和建议;做宣传环保工作、引领正面舆论的"传播者",对内凝聚正能量,为生态文明建设和生态环境保护营造良好氛围,对外讲好中国故事,促进国际交流互鉴。

一系列环保机构的逐步完善为其他行业的发展提供了专业指导。譬如,原先传统的金融行业以及银行业缺乏环境保护相关的行业标准。金融领域的专业人士对于本专业的知识和政策了如指掌，却大大忽视环保问题。因此，需要国家生态环境保护专家委员会能够提供专业指导，帮助制定适合该行业的环保指标，进而延伸到监督其他工业部门发展，共建绿色金融、绿色经济。

另外，要拉好生态保护红线。对于不可开发的山脉、湖泊、森林等资源进行及时有效的保护，出台政策并派专人进行监管。

水

金融行业是改革着眼的重点行业之一。要积极促进粗放式发展的金融业转变到可持续的绿色金融发展道路上。过去对于基础设施等的大规模投资为提升国家实力、改善人民生活水平作出了巨大的贡献，但过快的建设带来了一系列环境保护和生态资源问题。

中国城市的进一步向好发展离不开绿色金融。从健身步道、城中公园的建设可以看出，绿色金融符合人民日益增长的美好生活需要。绿色金融、绿色债券也将深度滋养现代人生活的这片土地，使之远离贫瘠和水土流失的境地。

财政和信贷政策应该促使企业使用可再生能源和高效绿色清洁能源。政府应向利用可再生能源或拥有自给自足水电回收系统的建筑项目提供信贷。此外，还应鼓励企业生产和利用高效可再生能源电子产品，此类政策应包含出口信贷和补贴。

火

火，炎上，革故鼎新。

破除旧的发展方式，重创意、科技、教育。

2018年，中国国务院总理李克强在十三届全国人大一次会议上作的政府工作报告尤其强调提高中国经济增长质量的重要性和迫切性，而非一味强调增长的速度。我们能够很明显地观察到，这次政府工作报告不同于以往——没有着重凸出中国经济增长的傲人成果和数据，而是描绘未来的可持续发展蓝图，开启未来中国的自我革新。

近年来，中国越发重视绿色能源发展，而背后起到最大支撑作用的是大数据和前沿科技。没有它们的支持，就没有绿色能源的广泛普及。在投资领域以及其他许多行业中，从业者也逐渐意识到要进行变革，必须重新认识自己和所在的行业。

从前，我的身份是一名律师，协助工业企业签订各种合同，帮助他们蓬勃发展。在意识到环保问题的紧迫性之后，我告诉这些企业不要为了利益而逃避环保责任。我认为，各行各业都要重新进行绿色评估，并且购进新的低碳能源设备。

从头到尾、从上到下都需要对从业者们进行绿色发展教育。宣传可持续的发展观，向人民群众广泛传播新时代的绿色发展理念。大众宣传教育也应教育人们从小养成节约水电的可持续发展价值观。

教育点燃创新的火花。生态文明需要向教育系统注入环保和可持续发展的价值观和育人观，以此重塑包括律师、银行家、金融家、工程师、电力工作者在内的所有行业的专业人员，使他们在工作中采取统筹兼顾的方法和视角，优先考虑所做工作对环境的影响，分析利弊，采用最绿色的工作方案。

土

　　生态文明建设要求积极转变基础设施投资方式，走可持续发展道路。曾经在中国的煤炭行业蓬勃发展时，中国的能源一大部分是依靠煤炭作为支撑。煤炭是不可再生资源，且从开采、运输再到使用的过程中会产生大量污染。因此，要转变发展方式，不断提高清洁能源比重。

　　从形意拳再到生态文明的逻辑，中国政府积极采用节约资源、保护环境的基本国策，改变曾经的高能耗生产和消费方式，真正提高人民群众的生活质量。

　　生态文明不只是保护环境，还要考虑各方面问题，统筹规划。

　　古老的金木水火土动态平衡原则也在中国的生态文明建设中体现得淋漓尽致，全国各地积极落实生态保护的政策，经过一段时间后，中国的面貌必将焕然一新。这是资本主义国家很难实现的。

一味盲目发展经济，为追求 GDP 的高速增长而破坏生态平衡，这是违背自然规律，违背五行古老法则的短视行为。

联合国的 2030 年可持续发展议程已经启动，但其目标实现进度明显落后于预期。而依托生态文明建设有关政策，中国也许会成为唯一一个能够实现此发展目标的国家。

中国的增长与发展很大程度上受到基础设施投资的驱动。这种趋势可能仍将会继续，但投资的性质却必须改变。它必须从化石燃料的能源网向可再生能源的能源网转变，并为现有的基础设施硬件提供新的软件基础设施。在新型城市里，这些基础设施必须符合三个标准：

- 智能——高效运输
- 绿色——低碳
- 蓝色——节约水资源和循环再利用

正因为中国人重视平衡，中国政府才能及时意识到加强生态文明建设的重要性。

习近平主席说，生态环境是关系民生的重大社会问题。中国把节约资源和保护环境确立为基本国策，把可持续发展确立为国家战略。这些都是随着中国经济社会的动态发展人们意识到平衡问题后给出的解决方法。从"两个文明"到"三位一体""四位一体"再到如今的"五位一体"，中国人不断观察金木水火土的元素平衡，从而推动中国特色社会主义建设实践不断发展。

习近平主席一直倡导人类命运共同体的原则，保护生态环境是全球面临的共同挑战和需要共同担负的责任。生态文明建设做得好，中国特色社会主义社会将会更加平衡、和谐。人类进入工业时代以来，化工产业迅猛发展，在创造巨大物质财富的同时也加速了对自然资源的攫取，打破了地球生态系统原有的循环和平衡，造成人与自然关系紧张。

中国推进落实生态文明建设，秉承着人与自然和谐共生的原则。他们相信人与自然是生命共同体。生态环境没有替代品。当人类合理利用、友好保护自然时，自然的回报常常是慷慨的；当人类无序开发、粗暴掠夺自然时，自然的惩罚必然是无情的。人类对大自然的伤害最终会伤及人类自身，这就是平衡的法则。

在社会发展过程中，中国政府坚持节约优先、保护优先、自然恢复为主的方针，不能只讲索取不讲投入，不能只讲发展不讲保护，不能只讲利用不讲修复。中国人非常重视自然环境和人类社会活动的平衡，他们像保护眼睛一样保护生态环境，像对待生命一样对待生态环境。中国政府相信"绿水青山就是金山银山"。这是中国一个重要的发展理念。保护生态环境就是保护生产力，改善生态环境就是发展生产力。

生态环境问题归根结底是发展方式和生活方式问题，要从根本上解决生态环境问题，必须贯彻创新、协调、绿色、开放、共享的发展理念，加快形成节约资源和保护环境的空间格局、产业结构、生产方式、生活方式，把经济活动、人的行为限制在自然资源和生态环境能够承受的限度内，给自然生态留下休养生息的时间和空间。习近平主席表示，中国政府正在加快划定并且严守生态保护红线、环境质量底线和资源利用上线。

　　良好生态环境是最普惠的民生福祉。山水林田湖草是动态平衡的生命共同体。生态是统一的自然系统，是相互依存、紧密联系的有机链条。中国不仅努力建设自己的生态文明动态平衡，而且向全世界的国家推广这一核心思想，共谋全球生态文明建设。应对气候挑战，需要世界各国同舟共济、共同努力。任何一国都没有办法置身事外、独善其身。

经济发展如何平衡

　　平，不仅仅在于经济发展与环境保护之间的平衡，在经济发展内部也要注意制衡，比如城乡的发展差异，兼顾各地区之间统筹发展，推动优势互补、高质量发展的区域经济布局尤为重要。

　　经济发展的失衡问题，是中国共产党十九大的关注焦点之一。

　　改革开放四十余年来，中国飞速发展的城市化与现代化，把一些农村地区甩在了发展的脚步之后。增长的不平衡，带来了愈发严重的贫富差距与社会压力。除此以外，区域之间的失衡，也会影响到一个国家作为一个整体的动态发展。因此，中国充分认识到发展的新形势，积极促进协调、平衡发展。

以城乡发展失衡为例，根据平的原则，为了缩小这一差距，中国不断打造城乡公平的竞争环境。习近平主席指出，要把实施乡村振兴战略作为新时代"三农"工作总抓手。农村不能实现现代化，国家就不能真正实现现代化。农村作为重要的组成部分，对国家整体的平衡稳定有举足轻重的作用。若处理不好城乡关系，农村发展长期滞后，失业农民涌向城市，可能会造成社会动荡，使得整个国家失去平衡和稳定。繁荣的城市与凋敝的农村形成鲜明对比的画面，不是中国人民期待的图景。为了调节城乡平衡，就要实施中国特色的乡村振兴战略。

习近平总书记在十九大上描绘了一幅蓝图："要坚持农业农村优先发展，按照产业兴旺、生态宜居、乡风文明、治理有效、生活富裕的总要求，建立健全城乡融合发展体制机制和政策体系,加快推进农业农村现代化。"

中国在过去四十多年改革开放中高度重视减贫扶贫,使7.7亿农村贫困人口摆脱贫困,取得了举世瞩目的伟大成就。曾经中国中西部一些地区贫困人口规模较大,通过制定一系列措施开发中国广阔的内陆地区,中国消除了一大批贫困人口,缓解了社会与经济发展的不平衡问题。

"促进农村一二三产业融合发展,支持和鼓励农民就业创业,拓宽增收渠道。加强农村基层基础工作,健全自治、法治、德治相结合的乡村治理体系。培养造就一支懂农业、爱农村、爱农民的'三农'工作队伍。"中国制定系统的治理措施帮助实现全国各区域经济平衡向好发展。

第八章　中

春为阳中，万物以生。秋为阴中，万物以成。

——《汉书·律历志》

中国古代，从夏商周，到元明清，虽然各朝各代有着不同的国号，但自古以来，从地理的维度上讲，中国人一直认为自己生活、居住在"中国"（中央之国）这片辽阔的土地上。

中国，之所以叫这个名字，是因为中国人认为自己生活在世界的中心。中国从古至今都极其重视"中"的概念。如北京的中轴线从永定门到钟鼓楼，有"北京的生命线"之称，是北京作为古都的中心标志。

为什么"中"有着如此高的地位？

因为中国的哲学认为，中代表天人合一，象征着平衡和中心。中的理念代表着中国人对寻找中心的坚持，对寻求平衡的向往。

在中国，我看到人们想要尽最大努力确定事情的中心。比如，在练功夫的时候，要发展中心和中脉。呼吸要平衡。尤其是咏春拳，它格外强调我们要保护人体的中心，要打的地方也是以中心为主。在这片土地上生活，我们要了解，所有的事情都从中间开始，这样才可能稳定、完整和完美。只要中心明确，其他地方都能顺其自然地发展好。儒释道的文化观念都告诉人们，不要走极端，要寻求平衡发展。

中的文化理念不仅存在于古老的典籍记载中，如果你仔细观察，它其实蕴含在中国社会的方方面面、点点滴滴。

正如我所看到的那样，改革开放后，中国的经济飞速发展，而它能够腾飞的关键，正是中国人不断努力地寻求市场机制这只"看不见的手"和政府调控这只"看得见的手"之间的平衡。其实，从个人微观的角度来讲，也是如此。如果一个人想要发家致富，那么他不仅要考虑个人利益，更要考虑他人，找到自我与他人之间的中心，找到平衡，方能成功。不仅事业如此，学习亦是寻找平衡和中心的过程。学生不仅需要认真听课，努力完成课业，也要珍惜和利用课余时间进行运动。正是因为每一个中国人都在努力地寻求中心和平衡，中国才能够在当今这个充满不确定因素的国际社会中与其他国家保持和谐、友好的关系。

中国政府高度重视人类命运共同体的建设，因为他们希望世界在和平中不断向前可持续发展。作为一个外国人，我在中国生活的这些年中，目睹中国的环境变化。我在西藏居住的时候，了解到喜马拉雅的冰川正在加速消融，我也看到其他地方的自然环境在城市化、工业化的建设中被破坏。这其实是违背了"中"的原则和理念，因为它破坏了人与自然的平衡和谐。而这并不是中国人希望看到的。因此，近些年中国政府高度重视生态文明建设，在全国范围内出台有效的政策，以求减少环境破坏和污染，建设一个可持续发展的中国。

咏春拳——一种强调中拳理论的武术

在进行了一番了解之后，我发现咏春拳的一切都是关于中线的。在练习咏春拳的时候，人们要保持在中心，而不陷入任何极端，这极其重要。

咏春拳的中心线原则让我想起了中国文化的中庸之道。因为它符合中道的理论。中道是中国文化的一个重要特征，体现在道教、佛教和儒家教义中。实现它的方法是找到平衡和中心——人们永远不要走极端，不要破坏平衡。

我跋山涉水，找到中国功夫专家，想要从他们那里了解中线的重要性。

咏春传承人、咏春实战馆创始人程和敬告诉我："中线是你顺着身体画的假想线，它保护你的眼睛、鼻子、喉咙、腹股沟……所有脆弱的地方。这些是你想要保护的区域，也是你想要攻击的区域。中线的力道来自心脏，来自身体中心，出拳要刚劲直接。"

"武术训练和中线理论的核心就是两个字：直接。"詹森·潘亦强调道。

所有中国武术的拳，在钟海明眼中都非常强调中线。他用具体的招式演练给我看，他一迈腿，我要抢他的中线，然后他迅速避闪开，避开我对他的攻击线，然后抢我的中线。于是，我便丢了中线的位置。

龙安志（右）和咏春传承人程和敬（左）

伊恩说："如果你了解你的中线在哪里，你的中轴是垂直的，就可以轻松实现360度的控制。这是你所有的空间，所有你能触摸到的东西。在这里，你可以展开防御；在这里，你可以发起攻击。如果你使用武器，这就是最好的攻击。你总是处在一个圆盘的中心。这就是宇宙的中心。"

中线—中脉—中道

不光有中线，还有中脉。钟海明接着跟我讲道，不仅修佛里有讲中脉练气，儒家讲的浩然之气也与中脉有关。在练功夫的时候也要留意脉络，任脉、督脉练的是什么？刘鸿池告诉我："是小周天。练的是这个。你看我走这个的时候，督脉起来往上走，下去以后，任脉往下走，任督二脉要打通。"

船越義延认为如果不扎根于自己的中心，那么就可能会产生各种杂念，思想将四处游离。他经常在年轻弟子中看到这种心态。而咏春拳蕴含的理念最终会改变这种心态，因为它强调一切都有中心。而你需要关注这个中心。程和敬认为这是极为有趣的一点。

中道，在郑天任看来，归根到底就是要找到与我们周围宇宙圆融和谐相处的方式。如果你观察我们周围的宇宙，会发现一切都是不断运动的，在运动过程中，都存在一个核心，这就是中轴，这就是中道。

领导者的中道

释永信告诉我，中道是我们做人做事最基本的一种理念。

> "九二曰'见龙在田,利见大人',何谓也?
> 子曰:龙德而正中者也,庸言之信,庸行之谨,闲邪存其诚,善世而不伐,德博而化。易曰:见龙在田,利见大人,君德也。"

南怀瑾在《易经杂说》中亦提到"领导者的修养与风范"。他说,根据孔子的解释,上文提到的九二爻是讲领导者,要像龙一样"至中至正","中正、存诚、信言、谨行,功在天下也不傲慢,能够普爱天下人"。按照西方哲学的道理,便是绝对客观,平常讲话要讲信用,平日的行为都要小心,要防止自己产生歪曲的思想和不正确的观念,随时存心诚恳,即使对世界做出贡献,乃至挽救了时代、社会,自己也不骄傲,不表功,不认为自己了不起;既有很深厚的道德修养,又能普遍地感化别人。

做领导要厚德载物,不忘初心,避免形式主义、官僚主义。中国人讲中正,关心群众生活,在处理问题时做到不偏不倚。正如习近平主席所说,所谓官僚主义背后,正是"官本位"的价值观念。这不是中正存诚的道路。因此,根基走偏，脱离群众，就不能造福一方百姓。这是错误的。

中国特色发展道路

1978 年，安徽的一处小乡村开创了家庭联产承包责任制的先河。也许听上去平淡无奇，但是中国就如同这个小乡村一样开始发生翻天覆地的改变。街头巷尾的人们逐渐开始大胆地讨论什么是"自由市场"。中国，悄悄地打开经济发展的大门，迎接中国特色的社会主义市场经济。

改革的春风逐渐吹遍了大江南北，全中国可供百姓支配的物资极大地丰富起来。如今，北京三环 CBD 耸立着鳞次栉比的摩天大楼，在改革开放之初这里还属于偏僻的农村。中国政府并没有采用"休克疗法"进行改革，而是"摸着石头过河"，走自己的发展道路，这就是中国特色社会主义发展道路。

第三部分
天

THE WAY CHINA
GETS ALONG WITH THE WORLD
FROM
THE PERSPECTIVE OF
CHINESE KUNGFU

练武术、练习功法不仅仅是为了强身健体，提高人们的身体素质，它更锻炼一个人的意念。可以说，练功夫是为了寻找心中的平静，从而达到平和的状态。在功夫的高级阶段，我们不是用力气练习。

　　你可以想象现代都市健身房的情景，俊男靓女们在跑步机上挥洒汗水，在器械面前秀出肌肉。健身房充满了汗水和香水的味道，健身时间越长的人，能够举起更重的器械，拥有更齐整、明显的肌肉，但这不是我们在武术的高级阶段追寻的境界。对于功夫来说，越往上走，我们能感到自己慢慢地进入了空灵的状态。譬如，我走进少林寺，感受到的是空灵、是平静。鸟儿跟着我一起穿梭于树木之间，叽叽喳喳地叫着。雨水静悄悄地打在青石板上。除此以外，再没有任何喧哗嘈杂的声音了。

　　少林寺的静谧，不同于北京热闹的场所街区的火热，也不似无人公路的荒芜，而是一种岁月沉淀过的平和与宁静。

　　其实，生活也是一样的道理，遇到事情，我们要静下来思考，拒绝焦虑。

改革开放四十多年来，中国政府在经济领域做出的调整，做出的决定，都是领导者综合所有因素之后冷静思考的结果。中国面对突如其来的新冠肺炎疫情并没有惊慌失措，而是迅速成立专家小组，奔赴疫区，努力救治人民群众，并且释放积极稳定的信号。在众多有效举措的合力之下，中国在最短的时间内控制住疫情的蔓延，维护了社会的安定和人民的安宁。这便是修炼功夫的高级境界。

乾隆皇帝在一生中数次抄写《般若波罗蜜多心经》。《般若波罗蜜多心经》是大乘佛教的经典之作，当中蕴含着佛教菩萨清净无染的智慧。所谓空的境界，不仅仅是心境平稳沉着，更是厚积薄发。乾隆皇帝非常看重"宁静致远"这四个字。

谋士诸葛亮在《诫子书》中曾写道："夫君子之行，静以修身，俭以养德。非淡泊无以明志，非宁静无以致远。"在我看来，这就是蕴藏在中国文化中的无为智慧，是属于中国的山川江河的独特魅力。

空

空是中国文化中很高的境界。空是抛除杂念，抛开不必要的东西。中国传统的思维方式不是多，是净，是空。练武的时候，我们不要很多复杂的动作，要更直接。练功头脑要空，不要想生活琐事。做人做事时也是一样，拒绝内心的浮杂。空，并非没有东西，空空如也，而是要全部集中在正确的东西上。

无

道教十分注重"无为"，无为是《道德经》中的重要概念。西方人把无为翻译成什么都不做，消极避世，没有作为，这实际上是错误的字面理解。无为真正的意义是，在"空"的境界中，顺应天时、地利、人和去积极做事：恬淡无为。无为的道理告诉练武的人们要放松身体和精神。如果练功太紧绷，则无法发力。

实

当李小龙（Bruce Lee）推出截拳道时，一切都与实用有关，这是最快、最短的一击。我们可以从此看出"实"这一中国传统的价值观念，它是中国企业在世界范围内取得成功以及中国独特的经济模式取得成功的基础。如今，综合格斗很受欢迎，因为它将许多功夫的不同分支和技能融合在一起，成为一项竞技运动。这强调了"实"在我们日常生活中的重要性。

武

"武术"的汉字表达实际上意味着停止战斗。真正的武术家了解武术的力量，因而会避免打斗。武术家和"江湖"崇尚相互尊重而不是暴力。武术与中国功夫有着深厚的文化内涵，即避免搏斗。我们学习武术的目的是达到身心平和，实现社会安宁。人们进入功夫学校或训练区，首先需要学会鞠躬行礼，这时就已经融入了儒家文化，接受了功夫中蕴含的中国文化价值观。

本书生动地解释了为什么当今世界如此多的人想要学习武术而非仅仅学习拳击。这是因为武术或功夫不仅是战斗的技巧，更是一种文化和哲学，是一种具有丰富的中国文化元素和价值观的生活方式。

第九章　空

色即是空，非色灭空，色性自空。

——《维摩经·入不二法门品》

空的境界最为和谐。

万法皆空。

练习中国功夫，不论何种派别、何种招式都是为了清除内心的杂念，吸进干净透彻的空气，放空身体和思想。空，意味着拒绝胡思乱想，它是中国文化里一个非常重要的概念。

李小龙曾经说过，"茶杯必须空"，一个人要思想空才能打得好，打得准。"Be water my friend"，说的就是人要像水一样，功夫的技击动作要像无形的水一般，放空自己，放空身心，方能扫除障碍。

中国四大名著之一的《三国演义》当中有一个著名的故事"空城计",便是对"空"的绝佳诠释。面对敌强我弱的悬殊差距,我方并不惊慌失措,而是理性分析之后,虚张声势,并没有作出诉诸武力的举动,而是以一出空城计的虚虚实实,从思想上便已经击退了敌方。

中国功夫里面的很多动作都是为了躲避,这也是"空",使得对方失去打击的目标。

到了21世纪,中国在许多政策上仍然运用着这个古老的智慧法门。譬如,面对美国屡次的挑衅言语和行为,中国政府坚持和平发展的原则,推动双边积极对话和友好沟通。这样一来,美国政府逐渐找不到攻击中国的理由,他们的挑衅变成了无理取闹。这是"空"的智慧。

中国不干涉别国内政和发展路线,不论与之交流的是发达国家还是发展中国家,中国都以一颗友好而真诚的心,想要平等和谐交流,共谋发展。这是"空"的姿态。

在中国的经济发展遇到障碍时,中国政府会第一时间冷静思考,留出反应时间,放空心态,在进行观察、了解和分析之后,才作出决断,而非轻举妄动。傍观必审,先观察事态发展。这也是"空"的道理。

所谓"万法皆空",并非指我们的日常生活没有任何意义,是虚无的。"空"对应的是"空性",也就是说,人们最好不要执迷于"相"(外在、外表、名利、欲望),这样会增加烦恼。因此,要放下执念,拥有"空性",才能随缘而从心所欲,不打破自然的规律,回归本心和初衷。

达摩祖师的最后一课

菩提达摩祖师在嵩山少林寺面壁九年。临别之际,他召集弟子,考验他们的禅法修为。弟子们依次讲出自己所悟。

道副首先站起来,说:"……我们应该把文字当作求道的工具。"

菩提达摩颇为遗憾地说:"你只学到了我的皮。"

道迹连忙起身说道:"……就像庆喜看到了阿閦佛国,一见之后便再也见不着。"

菩提达摩摇摇头说:"你只学到我的肉。"

紧接着,道育说:"地、水、火、风原本是空的,眼、耳、鼻、舌、根也非实有,整个世界无一法可得。"

菩提达摩听了,答道:"你也只学到了我的骨。"

最后,慧可站起身,向菩提达摩三拜行礼后,便站着不动了。这时,只见菩提达摩舒心大笑,说:"你学到了我的髓。"(引自《景德传灯录》)

一切皆空

我请教了几位功夫大师,他们都认同"空"的境界。

曾经师从咏春拳宗师叶问的李小龙将功夫格斗技巧和功夫哲学引入西方。程和敬说:"我学习了李小龙的风格。我曾经师从理查德·布斯蒂洛,他是李小龙最早的弟子之一。我跟着他一起训练,所以他将李小龙的截拳道教给了我。咏春拳可能因为李小龙而变得更为普及。'你是空的',咏春拳名家黄淳梁曾经这样说过。怎样才能打败你的对手?要从对手身上寻找答案。如果我只从自己的角度思考对策,沉迷于我的个人理念,只想着我应该如何对抗他,那么我就会失败。在电影《一代宗师》中，他们讨论过为什么咏春拳如此精简，却又如此有效。它的基本功只有三个主要动作——摊手、膀手、伏手。喜欢多多益善是人的本性，但对于咏春拳而言，它强调的是简单、高效、直接。"

咏春拳传承人程和敬

空，带给人平静之感与慈悲之心。

程和敬接着说道："如果你真的喜欢武术，如果你真的经常习武，你就会发现，它能够给你带来一种平静感，你会变得更有慈悲心。你会意识到，每个人都是那么脆弱，这时就可以说，你有一颗慈悲的内心。"

对此，船越義延也有相似的观点，他对我说："在一个安静祥和的地方训练，有助于我们的大脑思考并加工我们在空手道馆里的训练成果，找到让我们可以随时随地练习空手道的方法。"

一切皆空。

程岩说："佛家讲空，道家讲无为，儒家讲静，其实是一个东西，就是让你把心里的妄想妄为都给抛弃掉。"

摒弃私欲——清廉名相诸葛亮

廉洁奉公，正是一个人摒弃私欲，心中空灵，拥有"空性"的体现。

廉，是廉正、诚实、正直、美德、清廉、荣誉、道德。

王楠给我讲了清廉名相诸葛亮的故事。她说："卓越的谋士诸葛亮严以律己，并且廉洁奉公。纵观历史上位极人臣的人物，这是史无前例的。他曾立下遗嘱，将他的全部财产公之于众，甚至要求他的葬礼也一切从简，只需给他穿上布衣，简棺下葬。'廉'抑或是廉正，是指道德荣誉在心，活得问心无愧。对我而言，廉正具有一种自我保护的目的。当你为人廉正，人们是会看得见的。人们看见并承认你的廉洁时，信任自然而生。当信任自然而生时，人心连结，聚力团结，生意交往也会聚力兴盛。廉洁激励、推动事物，使事物发展，繁荣丰顺。所以廉正非常重要。"

巴拓识说："廉正，这又是一个非常重要的品质。廉正经常会与善良、美德联系到一起，因此廉正的人会被等同于一个好的人，但是你还要有一些能力。廉正意味着一种约束力，需要自我克制，掌控自己的欲望。然后将这些能量导向更加正面的方向，那些正面的方向与礼的范畴更加接近。"

廉，在蒋师莫眼里，是清廉，高尚，无私无欲，他认为这也是一种非常好的品德。就像《武德训》中讲到的，习武的人要不谋利而秉大义。平常要虚怀若谷，不畏强而舍己身。那习武之人也是一样，要做到作风端正，行为要洁身自好。

我不多说，请大家自行理解什么是"空"的境界吧。

第十章 无

天下万物生于有,有生于无。

——《老子》

道教十分注重"无为",无为是《道德经》中的重要概念。西方人把无为翻译成什么都不做,消极避世,没有作为,这实际上是错误的字面理解。"无为"真正的意义是,在"空"的境界中,顺应天时、地利、人和去积极做事:恬淡无为。无为的道理告诉练武的人们要放松身体和精神。如果练功绷得太紧,则无法发力。

我们要有无为的能力,顺其自然,积极进取,通晓自然,明晰社会。老子认为:淡然无为,神气自满,以此为不死之药,而天下莫我知也。这与中医讲究防病重于治病的理念相似。在平日里保持清静无为的心境,能够帮助人们提升机体免疫力。

中国的发展亦是如此。中国人一旦遇到问题，就会解决问题，根据问题而进行调整。没有问题时便顺应自然地前进发展。譬如，中国经济便是"摸着石头过河"，顺其自然发展，而不是硬生生造出一座桥。进入新时代后，中国政府顺应新的发展特点调整政策方向，把生态文明写入基本国策。面对经济全球化的历史大趋势，中国选择积极响应，并且支持多边发展和全球的可持续发展，与世界舞台上的其他国家寻求平等、友好地对话、合作。

截拳道与无为

詹森·潘做了很多关于李小龙的研究，他对我说："从我的研究和我对李小龙的了解来看，在那个时代，人们往往都专注于一个流派。比如他们会练习跆拳道、空手道或其他功夫，不管他们在做什么，他们只做一件事。他们不会偏离或放弃这个体系，那样会被人瞧不起。无论你选择做什么，都必须坚持特定的流派或体系。对李小龙来说，他是一个革新者，学习了不同种类的武术，受到所有这些体系的启发，采用了所有适合他的方法，从而创造了他自己的武术——JKD，也就是截拳道。"

李小龙正是用无为的理念，自然地把功夫当中最精粹的东西汇聚在一起，创立了新的截拳道，截拳道就是无为的体现。

什么是截拳道呢？

截拳道教练、截拳道印心会创办人史旭光解释说："你只要具备或者说符合这三个要素，那么你的东西就叫做截拳道。这三个（要素）是简单、直接和非传统。李小龙所构建的武术体系强调强手置前，强调最简单的截击。如果我们要做很多的动作才能有效的话，那为什么我们不直接去做最有效的那个？"

李小龙学生的学生、截拳道教练、黄锦铭截拳道传承人王浩淼（Bill Mattucci）说："他（李小龙）选择了所有最适合武术的东西。这是简单的吗？这是直接的吗？这是实用的吗？"

"现在人们可以多一点选择，他们有更开放的环境去进行交叉训练。而在过去，比如你加入了这个门派，你就会认为你的门派是最好的，这就是当时的情况。现在，你会看到环境更加开放了一点。当你有了那种开放环境，切磋交流武术的人就会增加。黄锦铭是李小龙的亲传弟子，实际上也是他最后一个亲传弟子，某种意义上也是他的训练搭档。当我看到黄锦铭的格斗动作时，我断定，这就是我要学习的目标。"

为了深入理解中国功夫蕴含的"无为"的理念，我还请教了四位老师。

伊恩把"无"视作提高武术效率的核心。特洛伊·桑福德赞同李小龙所说的"拒绝无用的东西，接纳真正有用的东西"。其实没有最好，在郑文龙看来，只要适合你的都是最好的。程岩认为，不管你属于哪一派，只要你有好的，我就吸收过来，我向你学习。我们共同研究。

领导者的"无我"境界

中国是一个拥有超过 14 亿人口、陆地面积大约 960 万平方千米的大国。面对如此辽阔的土地，如此众多的百姓，中国的领导人如何能够做到让全国人民都爱戴呢？如何能够统筹全中国，引导健康可持续的发展方式呢？

想要实现以上的目标，实际上是非常困难的。中国领导人靠的就是"无我"的精神境界来统筹全局。"无我"的状态让中国的领导人更加自信，让全中国人民更加相信党和政府，更加戮力同心，建设国家。

我看到中国的领导人始终秉承着把人民放在最高位置的原则执政，他们做到了"无我"——不忘"为中国人民谋幸福，为中华民族谋复兴"的初心和使命。他们真正做到了与人民同呼吸、共命运，通过"无我"，让人民的实际生活有获得感和幸福感。我想这也是世界上其他国家领导人很少能做到的一点——记住人民是国家的根本，不能损害人民的利益。

新冠肺炎疫情在全球蔓延以来，中国领导人在做好各项措施阻断国内疫情传播的同时，向国际社会派出优秀医疗团队进行帮助支持。但如果我们关注新闻就会发现，有些国家的领导者并没有意识到这次公共卫生事件的严重性，他们对新冠肺炎疫情认识不足，不顾国内人民的健康，管控措施无力，使得确诊病例激增，人民的生命安全受到极大威胁。

相比之下，中国政府积极防控疫情，而非消极等待病毒自动消失，将中国百姓的健康和生命放在首位，采取有力措施，使得疫情得到有效控制。

第十一章 实

管子曰:"仓廪实而知礼节。"

——《论积贮疏》

进入新时代后,中国特色的思想和方略不是从天而降,有如神赐,也不是哪位政治家凭空思考出来的,而是在改革开放以来的实践基础上,在中国人努力探索的基础上的智慧结晶。据我这些年的观察,我认为中国是一个注重实践,用事实说话的国家。实践创造万物。没有实,中国就没有举世瞩目的高铁,也不会有疫情危机中能如此反应迅速的社会体系。中国特色社会主义是在改革开放40余年的伟大实践中得来的,是在新中国成立70多年的持续探索中得来的,是在中国共产党领导人民进行伟大社会革命的实践中得来的,是在近代以来中华民族由衰转盛的历史进程中得来的,是在中国文明几千年的积淀中得来的。

万古长空,一朝风月。——《五灯会元》卷二

一朝只是万古中的一个小小片段,是你我生活的实际。只有理解了"一朝风月",才能感受"万古长空"。因为,想要领悟功夫或者任何道理,人们都要首先着眼自身的实际情况。

截拳道的务实理念

李小龙介绍有自己风格的截拳道时讲道,截拳道的出拳都是务实的,是最快、最短、最灵活的一拳。每个人的身体都是独一无二的,要根据自身特点学习功夫,而非执着于并不适合的招式,亦不能盲目跟风地学习某一派别功夫。

其实,如果放眼中国其他领域的文化,我们也不难发现:务实与灵活是中国企业在世界范围内取得成功的基石,也是中国独特的经济模式取得成功的基础,而中国独特的经济模式就是怀揣务实精神,灵活地解决问题。

今天,之所以综合格斗受到全世界人们的欢迎,是因

为它将功夫的许多不同分支和方面结合在一起，使之成为一项竞技运动。这就强调了灵活的组合在我们日常生活中、在社会中的重要性。

　　李小龙尤其强调，在亚洲不同武术派别之间，人们应该进行交叉训练。这就是综合格斗这种竞技运动的价值所在。史旭光告诉我，UFC（终极格斗冠军赛）的创办人白大拿先生称李小龙是综合格斗之父。同样，詹森·潘也说道，李小龙是综合格斗之父。

　　当我请教姚红刚的时候，他说："李小龙是最早创造综合格斗这种训练的方法和（培养这种）实战的能力（的人）。"

　　由此看来，很多功夫老师们普遍认同李小龙在综合格斗这门竞技运动当中开山鼻祖的地位，他们非常欣赏李小龙在当时的社会背景下，独具一格地运用灵活性创立截拳道这一门以"实"为准则的武术。

中国式摔跤

　　为了深入了解综合格斗在中国的发展，我特别找到几位中国式摔跤的权威专家，想听听他们对于中国式摔跤的一些看法。

我首先找到姚红刚，他对我说："首先，我可以把中国（式）摔跤的很多东西加入到综合格斗里边，空手道、跆拳道里边（的）腿法，我也可以加入到综合格斗里，它主要也是学（习）各种武术的优点。（这些东西）综合起来叫综合格斗。"

国家级摔跤运动健将周茂兴、前北京摔跤队队员马长海在讲到中国式摔跤时，对以前艰苦的训练条件记忆犹新，感慨万分。周茂兴说："那时候条件跟现在没法比。有跤衣的算不错的，一般的连跤衣都没有。"马长海说："开始练，练基本功，练腰练腿，有的用器械，大棒子，小棒子，小棒子（讲）揣或者大棒子（讲）横。"

那么，摔跤跟武术、跟当今世界的其他格斗术究竟有什么关联呢？中国式摔跤名家管志强说："摔跤是武术的一部分，它是一个传承。所谓武术，严格地讲，应该说是'武'，不能加术，精神上的东西它才能叫术。"摔跤的功夫已经有几千年的历史了，包括柔道、巴西柔术，哪个能跟中国的摔跤彻底地撇开？都是撇不开的。中国式摔跤国家级教练、裁判李浩民认为，综合格斗跟中国的武术脱离不了关系。而姚红刚跟我说："像我练中国式摔跤，我知道怎么把中国式摔跤融到综合格斗里，我把好的、有优势的、能用的放到综合格斗里，但也有不能用的。比如，躺刀，就不能用，因为后背这边别人就把我锁了。光摔跤的话，练综合格斗的肯定摔不过摔跤的。摔跤得按规则来，对吧。要是按散打规则，练综合格斗的有可能也打不过顶尖的散打（选手）。"

郑文龙在正清馆也教授学生摔跤。对于中国式摔跤，他也有自己的看法，他说："中国式摔跤可以说是中国武术的一个非常悠久的门类。它的规则体现了中国的文化。中国式摔跤怎么分输赢呢？除两脚之外的任何一点着地算输。没有说我们倒在地上就一定要按到双肩着地或者后背着地或者再有绞技，没有。那么体现的是我们中国人的什么精神呢？我摔倒你了，你不服可以站起来，再来。我可以跟你公平来过，而不是说摔倒了我借机就要怎样，这不是中国文化的精神。中国文化的精神其实体现的是一种尊重。"

不能一次下定论，说什么 A 棒，B 不棒。实际上呢，火车头训练基地总教练王忠义认为谁也不棒，规则决定一切。

重实践的发展方式

那是 1981 年的暮春，作为 1979 年中美正式建交以后第二批国际交流生的一员，我第一次来到中国的首都北京。其时改革开放还没多久，首都国际机场空空荡荡，国际航线相比如今是那么的稀少，机场的工作人员兴致不高，也没有太多的服务热情。而机场外面形形色色的人群几乎穿着清一色的军装或工装裤。

那时候，我走在大街小巷，常常会感觉到异样的目光凝视着我，因为当时的北京还没有很多外国人，人们也没有见过太多外国人，觉得新奇，好像是看到外星人一样。百货商店里的可乐是进口的，价格昂贵。我站在街上放眼望去，消瘦的人们从我眼前路过，天地之间飘散着古早的尘土，首都的图景都是如此，不难想象，那个时候的中国物质是多么匮乏。

但中国蓄势待发。

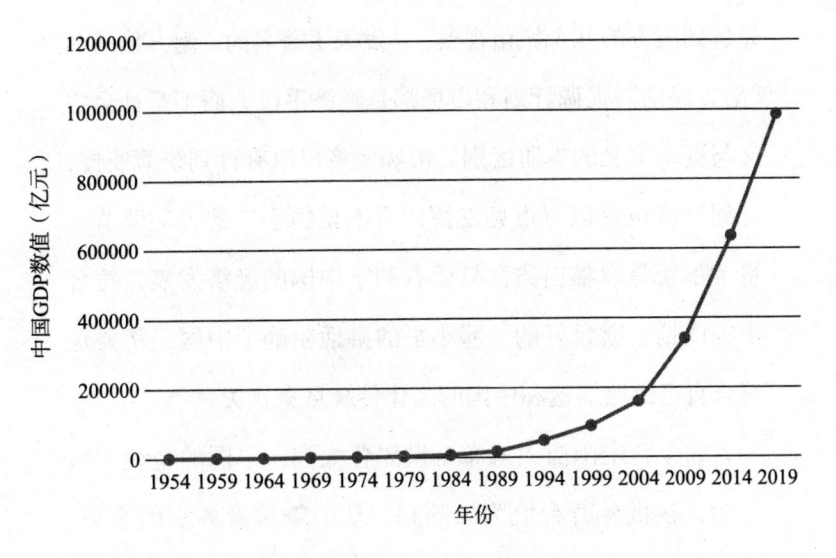

数据来源：国家统计局

二十年的时光，中国从物质生活各方面都匮乏的国家变成了产品充足甚至某些产品过剩的制造业蓬勃发展的国家。再往后十几年，中国摇身一变，超过日本，成为世界第二大经济体。中国的广东省 2020 年度 GDP 突破 11 万亿元，总量连续 32 年位居全国第一。

亲历中国改革开放 40 年，我见证并参与了中国的大开放与全球的大变革。以经济领域为例，1992年初，邓小平先后到南方的几个城市视察，并发表了著名的"南方谈话"。"南方谈话"强调计划和市场都是经济手段，而不是社会主义与资本主义的本质区别。市场经济可以有计划统筹安排，计划经济也可以有市场发挥"看不见的手"的自动调节力量。不管是黑猫白猫，只要有利于中国的经济发展，符合中国国情，就是好的。邓小平的讲话明确了中国经济要走符合自己的路。这和中国的文化传统息息相关。

如今，中国商人遍布全世界各大洲，中国的企业不断崛起，在世界舞台上为人熟知。他们秉承着务实的原则，看到哪里有商机，便及时、努力抓住。这就是"实"的逻辑。

第三部分 天

第十二章 武

夫武，禁暴、戢兵、保大、定功、安民、和众、丰财者也。

——《左传·宣公十二年》

走进中国功夫，了解功夫背后的文化哲学之前，有一个问题一直困扰着我：

为什么世界上有那么多人想要学习武术，而不是学习拳击？

后来，在寻找功夫之旅的过程中，我的脑海里逐步清晰地形成了这个问题的答案。我开始懂得武术或功夫不仅仅是打斗，而是一种文化和哲学，是一种具有丰富的中国文化元素和价值观的生活方式。当一个人进入功夫学校或训练区，他们拥抱的是集多民族光辉灿烂文化之大成的中国文化。

此外,"武术"的中文含义,并非很多人想当然以为的"格斗的艺术"。恰恰相反,武术是一门停止格斗的艺术。功夫讲求心平气和,与人为善。它并非教唆人们挑起战斗,而是抚平争端,追求和谐。这是一种独特的中国价值观。

为了了解"武术"的真正含义,我首先来到了少林寺。

释德扬大师对我说:"从这个武术的'武'字来讲,它的形成是一个止,停止的止,(加上)一个戈。戈为中国古代的一种常见兵器。止戈为武,就是停止搏杀,停止战斗,把武器放下修炼身心。"

释德扬怕我不甚明白,还练给我看,说:"像这个少林拳,简单地说,少林小龙拳,一开始,它是怀中抱月,正好和佛家的思想是一致的,非常文静。那么,第二个动作还是防守。你要打我,我先防起来。所以这就形成了第三个动作,像压一样。比方说你要向我进攻,先把你给拨开,(这是告诉你)最好不要再打我了。到第四个才开始推手。所以一般的话我们前三个动作都是处于防守状态。"

对于"武"字的含义,刘鸿池老师也表达了类似的观点,他说:"这'武'字,是一个禁止的止,加上一个戈组成的,它的含义是什么呢?(是)禁止动武的技术。不是为了去打架,是人家侵犯我了,我用我的武术技术来阻止别人侵犯我。我们不是用武术去侵犯别人。所以站的角度和立场要很明确。"

郑天任也说道:"(武术是)避免对抗,不去打架,利用和平手段实现目标。只有当你被逼到绝境,没有其他选择的时候,你才会开始反击。"

我还特别请教了咏春老师。詹森·潘跟我讲:"你的武术知识和经验增长得越多,你越能意识到自己有多强大以及这些技艺有多危险。此时,你最不想做的事就是真的卷入一场格斗。因为如果你带着这些知识去进行格斗,你固然可能会打垮某人,但也可能会严重伤害他们。作为一个有爱心的人,你为什么要这么做呢?"

在程和敬眼中,一个人越是擅长某种技能,就越同情别人。

练功夫,练武术,是为了"不打"。

正如蒋师莫所说:"终极的意义就是人与自然的关系,最终是人与自己的关系。"

武当三丰派传承人蒋师莫在练功

我们需要专注于呼吸,这实际上更有效率。我们需要聚精会神,这可以使动作更流畅,而且不会很快感到疲累,能量就更容易流向四肢,这就是气的一部分。船越義延认为，不是练出更大的肌肉，才能出拳更快，或者变得更强壮，那样是没有用好气。所以，人们要利用体内的运动或者身体中心产生能量的能力，思想和身体要建立联系，你必须思考如何纠正偏差，同时释放身体的能量，让能量流向四肢，流向我们的胳膊和腿。这就是我们需要的气。气的一部分来自呼吸。这样当这堂训练课结束时，我们会感觉更好。我们觉得自己有所进步，学到了一些东西。然后，我们把彼此推向下一个阶段。所以当走出去的时候，我们会努力保持同样的心态，同样的精神，无论我们是在训练馆内部还是离开都会如此。所以，不管是在工作中，还是在学校里，我们都可以发扬那种精神。

练功的三个阶段

正清馆馆长郑文龙向我介绍了练功的三个阶段。

"以汉字来说，第一个阶段是练习的练，是一个绞丝旁的练。为什么这么说呢？因为这个阶段是把所有的乱给练顺，练的是身。

"第二个阶段的炼是火字旁的炼，炼钢的炼。锻炼的是心。"

"到了第三个阶段是内敛的敛，是由外而向内的。我们要找到自己是谁。我们知道自己是在做什么。要学会与自己相处。今天的社会是一个快节奏的社会，那么武术能给你片刻的宁静。"

在练武的过程中，我们逐渐达到"空"的境界。

詹森·潘说："无论我什么时候训练，都要让自己全身心投入其中，丢开所有的杂念。"

程和敬说："我认为你永远不可能做到完美，但你可以找到一些平静。"

伊恩说："在这个完美的空间，在这个绝妙的空间，你的心里和眼里只有武术。"

武术在世界范围内的传播

功夫，在释永信看来，可以打通不同国家、不同种族、不同信仰、不同年龄、不同性别间的界限，所以功夫能够为人类的健康，为人类的幸福，为世界和平做出贡献。

前中国武术协会主席徐才之女韩陆亦讲道：武术，现在在全世界广泛地传播，它传播的不止是一种武术的技能，各种拳法的技能，它传播的更主要的是中华文化的这些瑰宝、底蕴，还有我们博大精深的哲学、艺术、伦理学、医学，这些都和武术有关。

也许你永远都不会发现功夫，但你会一直努力寻找功夫。正如特洛伊·桑福德所说，寻找功夫也许是一生的旅程，而我便是这路上的旅客之一。

友好平等

"武"——不打斗、不挑衅。

在1949年新中国成立的时候，中国刚刚结束长达14年的抗日战争和3年的解放战争。中国国内不论是人力还是经济，各方面资源都损失惨重。在新中国成立后，中国尽最大可能避免战乱和纷争。纵观历史，中华民族一直是勤劳务实的民族。近代以来，中国屡次受到列强欺压，但是中国人民在重新取得自由之后，并没有反过来进攻曾经欺压自己的诸多列强，以寻求复仇。

走进新时代的中国积极拓展全方位友好外交布局，主动参与全球事务，积极推动"一带一路"建设，坚持合作共赢。中国政府主张的友好和谐的外交政策彰显出"武"的本质，也就是不发动战争，不干涉别国的核心精神。秉持这种精神，中国能够有更多机会与世界各国平等互信地沟通交流，积极拓宽贸易合作。

友好平等，彰显大国外交。

结语

THE WAY CHINA
GETS ALONG WITH THE WORLD
FROM
THE PERSPECTIVE OF
CHINESE KUNGFU

功夫中蕴含的中国文化哲学实际上远远不止于前文所提到的十二个要素：

忍、根、忠、敬、和、易、平、中、空、无、实、武

总的来说，在了解了这十二个维度的文化价值之后，我们内心不能沾沾自喜，产生傲气，不能觉得自己好像掌握了全部。懂得越多，越要谦逊有礼、戒骄戒躁。在本书的最后，我想强调"知耻"在中国文化中的重要性。

在王楠老师口中，"耻，亦或是谦逊，是沉稳内敛而不自大，不嫌贫爱富，也不恃才傲物"。中国文化博大精深，但是中国人在国际舞台上从来没有恃才傲物，没有自诩老

大，企图指点其他国家，而是放平姿态，努力跟每一个国际社会成员保持友好和谐的关系。

其实，中国人已经保持谦逊的态度数百上千年，中国历史上就记载了很多关于知耻、谦逊的故事。

"刘备的军营被敌军攻袭，诸葛亮此时刚被刘备拜为军师，关羽和张飞作为刘备手下两员最大的猛将特别不忿。当刘备任命论策无二的军师诸葛亮领兵退敌，拥有最丰富的作战经验的关张二将不甚服气。待最后诸葛亮成功用计谋击退敌军，两位身经百战的名将也不得不佩服诸葛亮的足智多谋，对他鞠躬致歉，谦逊地承认诸葛亮的确是一代最强的军师。"

王楠给我讲了上面这段故事，她感慨道："在我看来，如果不谦卑，与任何人交流都将成为一件麻烦事。我觉得没人会喜欢任何狂妄自大的人，这些人从来在任何情形中只想到'我'，任何事，所有好的事情，都是他们的功劳，与旁人无关。这种心态毫无意义，对人对事都不会有帮助。我想，有些时候我们没有认识到这点，但我们可能潜意识里能感受得到。傲慢自大的人绝不会得到别人的一丝尊重，所以妄自尊大只会阻碍所有的事。"

在我看来，中国文化的这一优良美德对于其他国家的人民有很大的借鉴意义。美国姑娘于中美颇有感触地对我说：

"作为一个美国女生到中国读大学，我无时无刻不在表达自己，似乎我真的什么都知道。我以为世界上的一切我都懂了，然后带着心中热血勇往直前。当大学毕业回美国时，我发现怎么每个人都在一直不停地说自己啊，好像你什么都懂一样，但你真的明白吗？

"我的意思是，美国人都太爱表达自己的想法和观点了。人们有各种不同的看法，世界上任何的事都是可以从不同的角度来看待的，而且你没有办法肯定你的观点一定是正确的。每个人都是独一无二的，因此每个人都会有其独一无二的想法。所以这就是谦逊，这就是我慢慢学到的谦逊。"

巴拓识说："我们越是谦逊，就越能学到更多，进步更多，我想这就是谦逊成为中华文明中极为重要的品质的原因。"

我非常赞同巴拓识的这一番话。

综上所述，功夫是中国文化的一面镜子。对每一个中国人来说，如果你审视自己，你会发现这种文化哲学已经内化于心。在整个亚洲，这种功夫文化和功夫哲学是可以彼此共享和相互理解的。

中国功夫精神有很多值得西方人学习之处，我认为中国功夫里面蕴含的某些价值观是全世界、全人类、古今中外都可以普遍适用的。在我看来，是功夫让我跨越太平洋来到中国，寻找中国文化；是功夫让全世界的人跨越大洲，跨越文化，跨越种族，跨越性别，跨越年龄，汇聚在一起，共同寻找功夫的真谛。

最后，希望我们在追寻功夫的路上，都能有一颗羞耻心。正如蒋师莫说："要有羞耻之心，善恶之心，这样的话才能守住我们做人最起码的底线，分得清好坏，分得清善恶，我们不至于什么事情都去干，对于习武之人亦是如此。建立一个道德的标准，同时谨记分清好坏、分清善恶。"